高校入試実戦シリーズ

実力判定テスト10 改訂版

英語

偏差値65

JN007785

※解答用紙はプリントアウトしてご利用いただけます。弊社HPの商品詳細ページよりダウンロードしてください。

目　次

この問題集の特色と使い方 ………………………………………………… 3

問題編　　　　　　　　　　　　　　　**解答・解説編**

第1回 ………………………………6　　　　第1回 ……………………… 78

第2回 ……………………… 14　　　　　第2回 ……………………… 83

第3回 ……………………… 22　　　　　第3回 ……………………… 90

第4回 ……………………… 30　　　　　第4回 ……………………… 96

第5回 ……………………… 36　　　　　第5回 ……………………… 100

第6回 ……………………… 44　　　　　第6回 ……………………… 105

第7回 ……………………… 50　　　　　第7回 ……………………… 110

第8回 ……………………… 56　　　　　第8回 ……………………… 116

第9回 ……………………… 64　　　　　第9回 ……………………… 122

第10回 ……………………… 70　　　　第10回 ……………………… 127

解答用紙 …………………………………………………………………… 134

この問題集の特色と使い方

☆**本書の特長**

　本書は，実際の入試に役立つ実戦力を身につけるための問題集です。いわゆる"難関校"の，近年の入学試験で実際に出題された問題を精査，分類，厳選し，全10回のテスト形式に編集しました。さらに，入試難易度によって，準難関校・難関校・最難関校と分類し，それぞれのレベルに応じて，『偏差値60』・『偏差値65』・『偏差値70』の3種類の問題集を用意しています。

　この問題集は，問題編と解答・解説編からなり，第1回から第10回まで，回を重ねるごとに徐々に難しくなるような構成となっています。出題内容は，特におさえておきたい基本的な事柄や，近年の傾向として慣れておきたい出題形式・内容などに注目し，実戦力の向上につながるものにポイントを絞って選びました。さまざまな種類の問題に取り組むことによって，実際の高校入試の出題傾向に慣れてください。そして，繰り返し問題を解くことによって学力を定着させましょう。

　解答・解説は全問に及んでいます。誤答した問題はもちろんのこと，それ以外の問題の解答・解説も確認することで，出題者の意図や入試の傾向を把握することができます。自分の苦手分野や知識が不足している分野を見つけ，それらを克服し，強化していきましょう。

　実際の試験のつもりで取り組み，これからの学習の方向性を探るための目安として，あるいは高校入試のための学習の総仕上げとして活用してください。

☆**問題集の使い方の例**

①指定時間内に，問題を解く

　必ず時間を計り，各回に示されている試験時間内で問題を解いてみましょう。

②解答ページを見て，自己採点する

　まず1回分を解き終えたら，本書後半の解答ページを見て，自分自身で採点をしましょう。

　正解した問題は，問題ページの□欄に✓を入れましょう。自信がなかったものの正解できた問題には△を書き入れるなどして，区別してもよいでしょう。

　配点表を見て，合計点を算出し，記入しましょう。

③解説を読む

　特に正解できなかった問題は，理解できるまで解説をよく読みましょう。

　正解した問題でも，より確実な，あるいは効率的な解答の導き方があるかもしれませんので，解説には目を通しましょう。

　うろ覚えだったり知らなかったりした事柄は，ノートにまとめて，しっかり身につけましょう。

④復習する

　問題ページの□欄に✓がつかなかった問題を解き直し，全ての□欄に✓が入るまで繰り返しましょう。

　第10回まで全て終えたら，後日改めて第1回から全問解き直してみるのもよいでしょう。

☆問題を解くときのアドバイス

◎試験問題を解き始める前に全問をざっと確認し，指定時間内で解くための時間配分を考えることが大切です。一つの問題に長時間とらわれすぎないようにしましょう。

◎かならずしも大問①から順に解く必要はありません。得意な形式や分野の問題から解くなど，自分なりの工夫をしましょう。

◎問題文を丁寧に読みましょう。「あてはまらないものを選びなさい」や「全文書きなさい」など，重要な部分は線を引いたり○で囲んだりして，確認しましょう。

◎時間が余ったら，必ず見直しをしましょう。

☆各問題形式のアドバイス

●長文読解

①語注がある場合は，長文を読み始める前に日本語訳に目を通すと，内容理解のヒントになります。

②長文を読む前に，問題を読んでおく方が効率のよい場合もあります。

③文中にわからない単語が出てきてもこだわらず，前後の文からだいたいの意味を推測し，読み進めましょう。

④重要な部分に線を引いたり，単語を○で囲んだりしながら読んでいきましょう。

●並び換え問題

①肯定文・否定文・疑問文のどれになるか，確認しましょう。

②主文の動詞を決めましょう。

③動詞に合う主語を見つけましょう。

④残った語句を，意味の通るまとまりにしていきましょう。

　（例）〈to ＋動詞の原形〉，〈前置詞＋名詞／動名詞〉など

⑤使った語句には線を引いていき，単語の使い忘れや重複使用を防ぎましょう。

●語句変化問題

①問われている単語の前後だけでなく，文全体の意味を把握しましょう。

②問われている単語の品詞が何なのか確認しましょう。

　（例）動詞の場合は，時制や態，不定詞，動名詞，分詞に注意しましょう。

　　　　形容詞の場合は，比較級・最上級になる場合が多いです。

　　　　名詞の場合は，単数形・複数形に注意しましょう。

☆過去問題集への取り組み

　ひととおり学習が進んだら，志望校の過去問題集に取り組みましょう。国立・私立高校は，学校ごとに問題も出題傾向も異なります。また，公立高校においても，都道府県ごとの問題にそれぞれ特色があります。自分が受ける高校の入試問題を研究し，対策を練ることが重要です。

　一方で，これらの学習は，高校入学後の学習の基にもなりますので，入試が終われば必要ないというものではありません。そのことも忘れずに，取り組んでください。

　頑張りましょう！

出 題 の 分 類

1 長文読解   4 正誤問題

2 会話文読解   5 発音

3 語句整序   6 アクセント

時　　間：50分
目標点数：80点

▶ 解 答・解 説 は P.78

1回目	╱100
2回目	╱100
3回目	╱100

1　次の英文を読んで，あとの各問いに答えなさい。

　ある国の大使である Carl は公務を終えて，護衛の Harald と帰国の途につくところである。

The flight attendant smiled. "Welcome aboard, sir. Would you like a newspaper?"

"Yes, please." Carl took the newspaper and looked at his ticket. "I'm in seat 5F. Where's that?"

"It's near the front of the plane, sir. On the left, there. By the window."

"I see. Thank you very much." Carl smiled back at the flight attendant. She was young and pretty. Just like my daughter, he thought.

He put his bag under his seat and sat down. His friend Harald sat beside him. They watched the other passengers coming onto the plane. Harald looked at his watch.

"9:30 p.m.," he said. "Good. We're on time."

Carl agreed. "And (　①　) three hours we'll be home," he said. "That's good. We've been away for a long time. You'll be pleased to see your family, won't you, Harald?"

Harald smiled. "Yes, I will. Have you seen this, sir?" He opened his bag and took out two small planes. "These are for my sons. I always bring something back for them."

"How old are your sons?" Carl asked.

"Five and almost seven. The older one has a birthday tomorrow."

"He'll be very excited tonight then."

"Yes. I hope he gets some sleep."

The plane (　②　). Carl watched the lights of the airport grow smaller below them. Then the plane flew above the clouds and he could see the moon and the stars in the night sky. He lay back in his seat and closed his eyes.

＊　＊　＊

Later, he woke up. Harald was asleep. Carl looked at his watch. It was midnight. He called the flight attendant.

"Excuse me. What time do we arrive?"

"11:30 p.m. local time, sir. That's about half an hour from now."

"Thank you." ③Carl changed the time on his watch.

"Anything else, sir?"

"No, I don't think so. Oh, wait a minute — could I have a cup of coffee, please?"

"Yes, of course, sir." He watched her bring the coffee. "She walks like my daughter, too," he thought. "And she is *very* young. She looks nervous, not sure what to do."

"How long have you been a flight attendant?" he asked.

She smiled and said, "(④ -a)"

"(④ -b)"

"(④ -c)" She smiled nervously. "(④ -d)"

"Yes, thank you."

"Have a nice flight."

He drank the coffee and started to read his newspaper. When Harald woke up, Carl showed him a page in the paper.

"Look. There you are." he said. He pointed to a picture. In the middle of the picture stood Carl himself — a short thin man with gray hair, wearing a suit. Behind him, on the left, was Harald — a tall, strong young man, like an athlete. Both men were smiling. "That's you and me, outside the Embassy," said Carl. "We're in the news again. You can show it to your sons. You're a famous man, Harald!"

Harald laughed. "You're the famous man, sir, not me," he said. "I'm just a police officer. ⑤It's [care / job / to / you / take / of / my]. That's a photo of you, not me."

"Perhaps. But your children think that you're a famous man, I'm sure. Here, take it, and show it to them."

"OK. Thanks." Harald smiled, and put the newspaper in his coat pocket. "I think I'll have a cup of coffee too." He called for the flight attendant, but she did not come. Harald looked surprised.

"What's the matter?" Carl asked.

"The flight attendant," Harald said. "She's sitting down talking to those two men."

Carl looked up and saw the young flight attendant. She was sitting in a seat at the front of the plane with two young men. They looked worried and nervous. Suddenly, one of the young men picked up a bag and *walked into the pilot's cabin!* The other man and the flight attendant followed him.

"That's strange," said Carl. "What are ⑥they doing?"

"I don't know. It's very strange," said Harald. "I don't like it at all." He began to get out of his seat, but then stopped and sat down again.

For one or two minutes nothing happened. None of the other passengers moved or spoke. They had seen the young men, too. It became very quiet in the plane.

A bell rang, and for a moment they could hear two voices arguing. Then the pilot spoke.

"Ladies and gentlemen, this is the Captain speaking. Please do not be afraid. There is a change of plan. We have to land at another airport before we finish our journey. There's no danger. We will land in fifteen minutes. Please stay in your seats and keep calm. Thank you."

⑦Then the flight attendant came out of the cabin. She looked very different now because she had a machine gun in her hand. She stood at the front of the plane and watched the passengers carefully.

□　問1　(①)に入る最も適切なものを次のうちから選び，記号で答えなさい。
　　　　ア　in　　イ　for　　ウ　from　　エ　at

□　問2　(②)に入る最も適切なものを次のうちから選び，記号で答えなさい。
　　　　ア　ran away　　イ　landed　　ウ　took off　　エ　put on

□　問3　下線③の内容として最も適切なものを次のうちから選び，記号で答えなさい。
　　　　ア　Carl は客室乗務員の時計と自分の時計を交換してもらった。
　　　　イ　Carl は付けていた時計を予備の時計と交換した。
　　　　ウ　Carl は時計の時差を修正して午前 0 時に合わせた。
　　　　エ　Carl は時計を到着地の時刻に合わせた。

□　問4　(④ -a) ～ (④ -d) に入る文が順不同で下の A ～ D に示されている。自然な流れの会話にするのに最も適切な配列のものを次のうちから選び，記号で答えなさい。
　　　　A.　Will that be all, sir?
　　　　B.　Do you like it?
　　　　C.　Three months, sir.
　　　　D.　Yes, I love it.　It's very exciting.
　　　　ア　C － A － B － D
　　　　イ　C － B － D － A
　　　　ウ　D － A － C － B
　　　　エ　D － C － B － A

□　問5　下線⑤を意味が通るように並べ換えるとき，[　]内で 3 番目と 6 番目にくる語の組み合わせとして最も適切なものを次のうちから選び，記号で答えなさい。
　　　　ア　3 番目：to　　　　6 番目：of
　　　　イ　3 番目：my　　　　6 番目：of
　　　　ウ　3 番目：take　　　6 番目：job
　　　　エ　3 番目：to　　　　6 番目：my

□　問6　下線⑥が指すものとして最も適切なものを次のうちから選び，記号で答えな
　　　さい。
　　　　ア　the passengers
　　　　イ　the two men
　　　　ウ　the pilot and flight attendants
　　　　エ　the flight attendant and two men

□　問7　下線⑦のあと，the flight attendant は何をしようとしていたのか，最も適
　　　切と思われるものを次のうちから選び，記号で答えなさい。
　　　　ア　一人でハイジャック犯と戦おうとしていた。
　　　　イ　ハイジャック犯の一員として乗客を監視しようとしていた。
　　　　ウ　乗客の中からハイジャック犯を探し出そうとしていた。
　　　　エ　ハイジャック犯から乗客の身の安全を守ろうとしていた。

□　問8　本文の内容と一致するものを次のうちから選び，記号で答えなさい。
　　　　ア　Harald had a daughter who was almost the same age as a flight
　　　　　attendant in the plane.
　　　　イ　Harald always brought toys or something for his children when he came
　　　　　back from a trip.
　　　　ウ　Carl couldn't sleep at all in the plane, so he asked a flight attendant to
　　　　　bring a cup of coffee.
　　　　エ　Carl and Harald would not arrive at their country on time because the
　　　　　plane had engine trouble.

2 次の会話文を読んで，あとの各問いに答えなさい。

Lino and Hana are going shopping. They are on the 1ˢᵗ floor.

Lino ：I want to buy some baby goods for my friend. She had a baby last month.

Hana：OK. I want to look at sweaters for my husband. Before my shopping, let's look for your gift.

Lino ：Thank you. Oh, it's three o'clock. How about some coffee? I want to drink espresso at the Italian Café. After a break, let's start shopping.

Hana：Great. Where is the café?

Lino ：I have a Floor Guide. Let me see... it is on the 2ⁿᵈ floor... Oh, it is not Italian. The café we want to go is on the 　ア　 floor.

Hana：OK. Let's go!

5 minutes later, they moved to another floor in an elevator:

Lino ：Well, here we are! Let's check the Floor Map. Wow, there are a lot of beautiful shops here. I feel like going straight to the Ladies' Shoes Boutique!

Hana：Come on. Are you serious? You told me that 　イ　 .

Lino ：I know... But there's a nice *variety store on this floor. Why don't you check it out while I'm looking at shoes?

Hana：Sure. But where is it?

Lino ：Go past the information desk and turn left at the cosmetics counter. It's the second shop on your right.

Hana：I'll go and have a look, then. But don't spend much time on your shopping, please.

Lino ：OK, let's meet at the café in 30 minutes. It's across from the variety store.

Hana：30 minutes!?

Lino ：Yes. And if you get bored, you can help me pick out some new boots. The Ladies' Shoes Boutique is the third shop on the left from here.

Hana：Thanks, but I don't think ①so.

（注）　variety store　雑貨屋

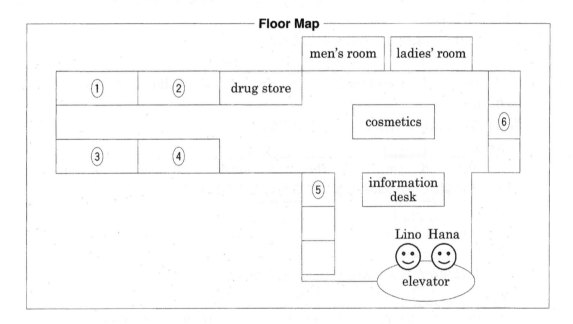

Floor Guide

⑥ : 6th   Men's Clothes Floor
⑤ : 5th   Ladies' Clothes, Daily Goods Floor, Italian Café
④ : 4th   Children's Clothes, Baby Goods, Children's Toys Floor
③ : 3rd   Sport Floor
② : 2nd   Pet Floor, Japanese Café
① : 1st   Restaurants

Floor Map

□ 問 1   会話文中の ｜ ア ｜ に入れる階として最も適切なものを，Floor Guide の①～
⑥のうちから選び，番号で答えなさい。

□ 問 2   会話文中の ｜ イ ｜ に入れるものとして最も適切なものを，次のうちから選び，
番号で答えなさい。
　① you wanted to have some coffee
　② you would like to enjoy shopping
　③ you helped me look for a nice sweater
　④ you were looking forward to drinking tea

□ 問 3   下線部①に含まれている内容として最も適切なものを，次のうちから選び，
番号で答えなさい。
　① 楽しんで買い物をする
　② ブーツを試着してみる
　③ シューズブティックは 5 階にある
　④ ブーツ選びを一緒にしてあげる

☐ 問 4　2 人が行く予定ではない階として最も適切なものを，次のうちから選び，番号で答えなさい。
① 2 階　② 4 階　③ 5 階　④ 6 階

☐ 問 5　Ladies' Shoes Boutique の位置として最も適切なものを，Floor Map の①～⑥のうちから選び，番号で答えなさい。

3　次の各問いにおいて，ア～カの語 (句) を日本語の意味を表すように並べ換えて，文を完成しなさい。解答は 1 ～ 10 に入るものの記号のみを答えなさい。なお，文頭にくる語も小文字にしてある。

☐ 問 1　あなたの家族によろしくお伝えください。
＿＿＿ 1 ＿＿＿ ＿＿＿ 2 ＿＿＿ me.
ア　say　イ　your family　ウ　please　エ　hello　オ　to
カ　for

☐ 問 2　あなたは何の音楽が一番好きですか。
What ＿＿＿ 3 ＿＿＿ ＿＿＿ 4 ＿＿＿ ?
ア　like　イ　you　ウ　the　エ　music　オ　best　カ　do

☐ 問 3　その駅は，私の家から歩いて 5 分のところにある。
The ＿＿＿ 5 ＿＿＿ ＿＿＿ 6 ＿＿＿ .
ア　walk　イ　is　ウ　from　エ　station　オ　my house
カ　five minutes'

☐ 問 4　私は彼女からメールをもらって嬉しかった。
I ＿＿＿ 7 ＿＿＿ ＿＿＿ 8 ＿＿＿ her.
ア　to　イ　happy　ウ　an email　エ　from　オ　was
カ　receive

☐ 問 5　木の下にある自転車は私の兄のものかもしれない。
The bike ＿＿＿ 9 ＿＿＿ ＿＿＿ 10 ＿＿＿ .
ア　the tree　イ　my　ウ　may　エ　under　オ　brother's
カ　be

4 次の各文には下線を引いた部分に誤りが1箇所ある。誤りのある箇所をそれぞれ選び，番号で答えなさい。

☐ (1) These days, ①Paul usually read ②four or five books ③in a week ④at home.

☐ (2) ①Could he really run ②twenty kilometers ③without take a break ④when he was young?

☐ (3) ①Tom didn't have nothing to do ②yesterday morning, ③so he just ④stayed home.

☐ (4) ①Beth plays the piano ②better than ③any another girls ④in her school.

☐ (5) ①Can you see that old man ②is walking his dog ③across the road ④over there?

☐ (6) ①I want to hear ②what kind of food ③do you like ④best.

5 各組で，下線部の発音が他の3語の下線部の発音と異なる語をそれぞれ選び，記号で答えなさい。

☐ (1) ア ba<u>th</u>　　イ ma<u>th</u>　　ウ <u>th</u>en　　エ <u>th</u>ing
☐ (2) ア daughter<u>s</u>　イ map<u>s</u>　　ウ sister<u>s</u>　エ pen<u>s</u>
☐ (3) ア cl<u>i</u>mb　　イ del<u>i</u>cious　ウ m<u>i</u>ss　　エ s<u>i</u>ck

6 各組で，最も強く読む位置が他と異なる語をそれぞれ選び，記号で答えなさい。

☐ (1) ア a-gree　　イ de-cide　　ウ ho-tel　　エ meet-ing
☐ (2) ア Aus-tral-ia　イ con-tin-ue　ウ i-de-a　　エ tel-e-phone
☐ (3) ア al-read-y　イ won-der-ful　ウ dan-ger-ous　エ his-to-ry

13

出 題 の 分 類

1 長文読解   4 語彙

2 会話文読解   5 語句整序

3 文中アクセント

▶ 解 答 ・ 解 説 は P . 8 3

時　　間 ： 5 0 分
目標点数 ： 8 0 点

1回目	／100
2回目	／100
3回目	／100

1 次の英文を読んで, あとの各問いに答えなさい。

In nature, animals do everything they can to increase their chances of survival. If an animal can live longer, it has a better chance of having children. Over millions of years, animals have *evolved to improve their chances of survival.

Animals that catch, kill and eat other animals are called "(1)predators." The animals that they catch are called "(2)prey." To increase their chances of survival, prey animals have developed many different *ways to protect themselves.

   A   One of the simplest ways of protecting themselves from a predator is to *escape. Different animals use different ways to escape. When a predator catches a gecko, its tail separates from its body. The predator watches the gecko's moving tail while it escapes.

Staying in a group is important for survival, too. At some point in their lives, most fish protect themselves (a) swimming in large groups called "schools." When hundreds or thousands of fish swim together closely, it is difficult for a predator like a shark to choose one. Some fish may escape.   B

Elephants also move in large groups. However, they protect themselves more actively than fish. Baby elephants are often targeted by lions and hyenas. They are not as big or strong as adult elephants, so the risk of injury is low for the predator. When a baby elephant is attacked, it cries out for help. (b) mother, together with the other adult members of the group, runs over to protect it. The smaller predators usually give (c) when the risk of injury gets too high.

Another way for animals to protect themselves is to live somewhere predators cannot see them.   C   Some animals live in caves. (d) live underground. *In the wild, hamsters stay underground during the daytime to reduce the chances of being seen by large birds or snakes.

Some animals are more difficult to see in the wild. They use *camouflage to hide from predators in open areas. Rabbits in cold areas are born white. They are difficult for predators like wolves to see from far away because the color of their *fur is the same color (e) the snow.

A white rabbit in snow

A chameleon hiding under a bird

Chameleons are usually light brown. However, when they think danger is near, they stop moving and their skin color changes to match their *surroundings.
[D] The bird in this photograph does not realize that there is a chameleon under it.

Camouflage not only helps prey animals. Many predators are able to hide well within their surroundings. Cheetahs are very fast, but they can only run (f) top speed for a short time. The zebra is not as fast as a cheetah, but it is able to run for a long time. This means that a cheetah must surprise its prey to successfully kill it. The *pattern in its fur helps it to hide in the tall grass of Africa.

The Dead Leaf Butterfly hides differently from chameleons and white rabbits. When it flies, its wings are open. Its wings are bright blue and orange. However, when its wings are closed, they are dark brown. The butterfly looks (g) a boring

Wings opened

Wings closed

dead leaf. The Dead Leaf Butterfly is difficult for a bird to find if it does not move. Most birds are not interested in eating dead leaves. This defense is called "protective mimicry."

Some snakes use *poison not only to attack, but also to protect themselves. Over millions of years, many *poisonous snakes have developed colors to show other animals that they are dangerous.

The Milk Snake uses protective mimicry not to hide from, but to scare away predators. It is bright red (h) black and yellow stripes. It is not poisonous but it looks very similar to a poisonous Coral Snake, so predators usually look for easier prey.

Left - Coral Snake Right - Milk Snake

The idea of fighting or running away may be simple, but the way these animals do so can be interesting.

(注) evolve 進化する   way 方法   escape 逃げる   in the wild 野生では
camouflage カモフラージュ，擬態   fur 毛，毛皮   surroundings 環境   pattern 模様
poison 毒   poisonous 毒がある

□ 問1 (a)～(h) に入る最も適切な語を次のうちからそれぞれ選び，記号で答えなさい。ただし，文頭にくる語も小文字から始まっている。また，それぞれの記号は一度しか使えない。

ア another   イ at   ウ with   エ so   オ for   カ by
キ up   ク to   ケ like   コ others   サ its   シ as

□ 問2 下線部(1) predator と (2) prey の具体例として文中にあげられている最も適切な組み合わせを次のうちから選び，記号で答えなさい。

ア (1)hyena — (2)gecko
イ (1)zebra — (2)cheetah
ウ (1)bird — (2)butterfly
エ (1)shark — (2)snake

□ 問3 A ～ D に入る最も適切な文を次のうちからそれぞれ選び，記号で答えなさい。

ア Another advantage to doing so is that there are more eyes to look for food and predators.
イ This makes it very difficult for predators to see them.
ウ When any animal thinks danger is near, it is left with two choices, fight or run away.
エ An animal's habitat or home is important to its survival.

□　問 4　本文と内容が一致しているものを次のうちから選び，記号で答えなさい。

　　ア　When geckos are attacked, they fight back by separating their tails from their bodies.

　　イ　Fish swim in a large group because they are afraid of getting lost.

　　ウ　The Coral Snake uses protective mimicry and camouflage to hide from predators.

　　エ　Elephants attack when the risk is low.

　　オ　The Dead Leaf Butterfly does not look interesting when its wings are closed.

□　問 5　この文章の題名として最も適切なものを次のうちから選び，記号で答えなさい。

　　ア　How Animals Attack

　　イ　How Animals Survive

　　ウ　Where Animals Live

　　エ　What Animals Eat

2　次の会話文とチラシを読んで，あとの各問いに答えなさい。

Greg　 : What will we have for lunch today, Nancy?

Nancy : How about a burger? Here is a *flyer from a newly-opened shop we have never visited. It's just around the corner. They are having a sales campaign now.

Greg　 : Sounds good. Let's go and try it. What would you like?

Nancy : I'd like one with a chicken *patty.

Greg　 : How about a Rodeo Chicken Burger?

Nancy : | ①-A | Oh, it comes with a spicy sauce. I don't like hot food very much.

Greg　 : OK, I see. Hmm, I ②(　　　) Rodeo Chicken Burger got its name. Oh, I've got it!

Nancy : What is it?

Greg　 : Look at the menu. Don't you see? It comes with onion rings which look like *loops of rope thrown by a rodeo cowboy.

Nancy : | ①-B | Look, there are half-price coupons for two of the burgers. Well, the Clubhouse Burger sounds delicious. Would you care for it, Greg?

Greg　 : It sounds nice. Oh, no, it has tomatoes. I don't like their seeds.

Nancy : Why don't you ask them for a Clubhouse Burger without tomatoes?

Greg　 : No, I don't want to do that, so I think I'll just have a ③(　　　). Oh, it's the regular price.

Nancy : I'll have a Double Chicken Burger and use one of these coupons for it.

Greg　 : Good. I would like a cone of soft vanilla ice cream for dessert. Would you like one, too?

Nancy : | ①-C | I have to be careful not to have too much sugar. But I will have French Fries instead.

Greg　 : All right. Are you ready to go now?

Nancy : Yes. I think I'll pay ④(　　　) in total for my food.

Greg　 : And I'll pay $7.90 for mine.

　（注）　flyer　チラシ　　patty　パテ(肉などを丸く焼いたもの)　　loops of rope　投げ輪

```
                          Burger Café
          Bacon Double Cheeseburger ・・・・  $5.40
                 2 beef patties, bacon, cheese
          Clubhouse Burger ・・・・・・・・  $6.20
              1 beef patty, bacon, lettuce, tomatoes
          Double Chicken Burger ・・・・・・  $6.40
              2 chicken patties, lettuce, tomatoes
          Rodeo Chicken Burger ・・・・・  $4.90
          1 chicken patty, lettuce, spicy sauce, onion rings
          French Fries ・・・・・・・・・・  $2.00
          Soft Vanilla Ice Cream ・・・・・  $2.50
```

Coupon for Clubhouse Burger	Coupon for Double Chicken Burger
50% OFF	50% OFF

□ 問1　①-A ～ ①-C に入れるのに最も適する組み合わせを次のうちから選び, 記号で答えなさい。

ア {　A：No, thanks.　B：Oh, I see.　C：Let me see.

イ {　A：Oh, I see.　B：Let me see.　C：No, thanks.

ウ {　A：Let me see.　B：Oh, I see.　C：No, thanks.

エ {　A：No, thanks　B：Let me see.　C：Oh, I see.

□ 問2　下線②の（　　）に入れるのに最も適するものを次のうちから選び, 記号で答えなさい。

ア　know why　　イ　think that　　ウ　wonder how　　エ　mean where

□ 問3　下線③の（　　）に入れるのに最も適するものを次のうちから選び, 記号で答えなさい。

ア　Bacon Double Cheeseburger　　イ　Clubhouse Burger
ウ　Double Chicken Burger　　　　エ　Rodeo Chicken Burger

□ 問4　下線④の（　　）に入れるのに最も適するものを次のうちから選び, 記号で答えなさい。

ア　$5.20　　イ　$5.70　　ウ　$6.40　　エ　$8.40

□ 問5　本文の内容と一致しないものを次のうちから選び, 記号で答えなさい。

ア　Both Greg and Nancy will visit this burger shop for the first time.
イ　The name of Rodeo Chicken Burger comes from the loops of rope of a rodeo cowboy.

ウ　Greg and Nancy will use both of the two coupons for their lunch.

エ　Nancy won't have either spicy food or sweet dessert.

3　次の対話の中で最も強く発音すべき場所を①～④から選び，番号で答えなさい。

□　(1)　"Hi, Hiroshi, what are you reading?"

"I'm reading a book about science."
　　①　　　②　　　　③　　　　④

□　(2)　"I'm waiting for the mail. Do you know when it will arrive?"

"Usually, it comes around noon."
　　①　　②　③　　　　　④

□　(3)　"Sally usually has her coffee with her meal, I think."

"Really? I prefer to have my coffee after the meal."
　　　　　　①　　　　　　②　　　③　　　　④

□　(4)　"Why is Kenji so good at playing soccer?"

"Because he began playing it in his youth."
　　①　　　　②　　　③　　　　　　④

4　次の各英文の下線部の意味として適切なものをそれぞれ選び，記号で答えなさい。

□　(1)　Mike forgot to bring back the library books before winter vacation. When he came back, there was an e-mail from the library. The books were overdue, and he had to pay $3.00.

ア　late in being returned

イ　kept in a large building for a long time

ウ　lost in some place with no good care

エ　sold out very soon

□　(2)　Though the new president had a lot of difficulties, he was able to bring about some important changes at the university.

ア　find the right answer to a problem

イ　become different from others

ウ　pay no attention to something

エ　make something happen

5 次の語（句）を意味の通るように並べ換えたとき，2番目と4番目に入る語（句）を記号で答えなさい。ただし，文頭にくる語も小文字にしてある。

□ (1) The ( ) (2) ( ) (4) ( ).
   ア more　イ became　ウ famous　エ woman　オ and more

□ (2) What ( ) (2) ( ) (4) ( ) English?
   ア called　イ bird　ウ in　エ this　オ is

□ (3) Any book ( ) (2) ( ) (4) ( ) it is interesting.
   ア long　イ so　ウ will　エ as　オ do

□ (4) I'd ( ) (2) ( ) (4) ( ).
   ア cleaned　イ like　ウ have　エ this jacket　オ to

□ (5) The ( ) (2) ( ) (4) ( ) boring.
   ア the movie　イ was　ウ half　エ of　オ latter

□ (6) Is ( ) (2) ( ) (4) ( )?
   ア the book　イ this　ウ looking for　エ are　オ you

□ (7) Would you ( ) (2) ( ) (4) ( ) buy?
   ア tell　イ what　ウ me　エ to　オ dictionary

□ (8) How ( ) (2) ( ) (4) ( )?
   ア cleaning　イ your room　ウ you finish　エ soon　オ can

□ (9) ( ) (2) ( ) (4) ( ) brother?
   ア your　イ that boy　ウ is　エ carrying　オ a big bag

□ (10) ( ) (2) ( ) (4) ( ).
   ア the airport　イ will take　ウ this road　エ to　オ you

21

出 題 の 分 類

① 長文読解 ④ 語句補充
② 会話文読解 ⑤ 語句整序
③ 長文読解 ⑥ 条件英作文

▶ 解答・解説は P.90

時　　間：50分
目標点数：80点

1回目	/100
2回目	/100
3回目	/100

① 次の英文を読んで，あとの各問いに答えなさい。

The Earth is getting warmer and much of the Earth's ice is melting. This new water is going into the sea, and the sea level is getting higher. ①These changes are happening now, and they will bring many problems for the future. But other changes are happening that bring danger to people all over the world. Changes are happening to the world's rain — where rain falls (or does not fall), and how much rain falls. Too much rain means a danger of *floods; too little rain means a danger of *droughts. And when there is a flood or a drought, there is less clean water to drink, and people die.

The sea covers 70 percent of the Earth. Seawater is too salty, and you cannot drink it. Only 3 percent of all the water on the Earth is fresh (without salt) — and most of this fresh water is frozen in the ice of *the Arctic, *the Antarctic, and the world's mountains. We need water to drink, but we also need to grow food. To grow a kilogram of rice you need about 2,000 liters of water — and for animals like sheep and cows you need about 10,000 liters per kilogram. Each person on the Earth needs at least 1,700,000 liters of water each year, and each year the number of people on Earth increases. So ②there is nothing more important to us than rain. Where does the rain come from? And is there more rain or less rain than before?

Rain comes from water in seas and rivers, and also from water that is in the land. This water *evaporates in the heat of the Sun and makes vapor — very small drops of water in the air. ③The vapor goes up into the atmosphere and gets colder, and the little drops of water make clouds. When the clouds go up higher, they get colder, and the little drops of water get bigger. Then drops of rain fall, putting water back into rivers, lakes, the sea, and the land. This is called ④the water cycle.

In the past, when the climate was less warm, the rains were not so heavy. But now, with a warmer climate, there are more very heavy storms. Scientists think that the rains will increase by more than 10 percent during the twenty-first century. Perhaps there will be some years with little rain, but there will be more years with heavy rain and floods. And ⑤this is true for other places in the world. For many people, the twenty-first century will bring more rain, heavier rain, and more floods.

But many places in the world have ⑥the opposite problem. For them, a hotter world is a drier world. The Sahel area of Africa is south of the great, dry Sahara

Desert. In this area, there is less rain than before, and one of the biggest lakes in the world has nearly disappeared. Lake Chad has lost 95 percent of its water — and this has happened in only forty years.

So climate change is not simple. Different changes are happening in different places. But one thing is changing for everyone — the weather is making more problems. When it is hot, it is going to be hotter than before. When the wind blows, the wind will be stronger. When it rains, the rain will be heavier. In other words, the twenty-first century will bring us ⑦extreme weather.

（注）flood　洪水　　drought　干ばつ　　the Arctic　北極　　the Antarctic　南極

evaporate　蒸発する

□　問1　本文中の下線部①の内容として<u>あてはまらない</u>ものを次のうちから1つ選び，記号で答えなさい。

ア　The water from melting ice is going to the sea.

イ　Much of the Earth's ice is melting.

ウ　The Earth is getting colder.

エ　The sea level is getting higher.

□　問2　本文中の下線部②の意味に最も近いものを次のうちから選び，記号で答えなさい。

ア　Fresh water is not as important as rain.

イ　Fresh water is more important than rain.

ウ　Rain is more important than seawater.

エ　Rain is the most important thing of all.

□　問3　本文中の下線部③の意味に最も近いものを次のうちから選び，記号で答えなさい。

ア　water in the land　　　　　イ　small drops of water

ウ　drops of rain　　　　　　　エ　the heat of the Sun

□　問4　本文中の下線部④を説明する文章になるように，次の〔　〕の中のア～エを並べ換え，〔　〕の中で3番目にくるものを選び，記号で答えなさい。

The sea water evaporates in the heat of the Sun and makes vapor.

ア　The vapor gets together and becomes clouds.

イ　The vapor goes up into the atmosphere and gets colder.

ウ　Drops of rain fall on the ground.

エ　Clouds go up higher and then they get colder and bigger.

They go back into rivers, lakes and the sea.

□　問 5　本文中の下線部⑤の内容として最も適切なものを次のうちから選び，記号で答えなさい。
　　ア　People in some areas will have more rain and more floods.
　　イ　There will be a lot of heavy storms with a colder climate.
　　ウ　Scientists think that the rains will decrease by more than 10 percent.
　　エ　The climate will be warmer and the rains will not be so heavy.

□　問 6　本文中の下線部⑥の具体例として最も適切なものを次のうちから選び，記号で答えなさい。
　　ア　People in the Sahel area have much rain than before.
　　イ　Lake Chad in the Sahel area has already disappeared.
　　ウ　There is 5 percent of the water left in Lake Chad.
　　エ　The water of Lake Chad disappeared forty years ago.

□　問 7　本文中の下線部⑦の例としてあてはまらないものを次のうちから 1 つ選び，記号で答えなさい。
　　ア　heavier rain　　　　イ　hotter climate
　　ウ　stronger wind　　　エ　more problems

□　問 8　本文の内容に合っているものを次のうちから 2 つ選び，記号で答えなさい。
　　ア　When we have much rain, it causes a danger of droughts.
　　イ　When there is a flood or a drought, we can get clean water to drink.
　　ウ　Seawater is so salty that you can drink it easily.
　　エ　There is the ice of fresh water in the Arctic, the Antarctic, and the world's mountains.
　　オ　One person on the Earth needs at least 2,000 liters of water a year.
　　カ　Climate change is not simple, and we can see many changes in different places.

2 次の対話文の [1] 〜 [5] に入る最も適切なものを, あとのア〜コから 1 つずつ選び,
□ 記号で答えなさい。

Mr. Smith : Good morning, everyone.

All students : Good morning, Mr. Smith.

Mr. Smith : Today, I'm going to talk about the months' names in English. First, what is the first month of the year?

Suzu : It's January.

Mr. Smith : Yes. January was named after Janus, the god of beginnings and endings. But a long, long time ago, January was not the first month of the year.

Mika : What? Then, which month was the first one?

Mr. Smith : Can you *guess?

Kaoru : Well, it was September, wasn't it? School starts in September in the United States and Europe.

Mr. Smith : Good guess, but no. Now I'll give you a hint. [1]

Taka : Yes, I do. It has eight arms.

Mr. Smith : That's right. "Octo" is a Latin word and it means "eight" in English.

Yuji : Oh, I didn't know that. Then, was October the eighth month?

Mr. Smith : Yes. "Ber" is also a Latin word and it means "month" in English. The name October as well as octopus comes from "octo," Latin for "eight."

Suzu : [2]

Mr. Smith : You got it! The *ancient Romans *insisted that all wars stop during the time of *celebration between the old and new years. And they named it after Mars, the Roman god of war.

Taka : You said October meant "the eighth month," then did September mean "the seventh month"?

Mr. Smith : You're right. *Incidentally, November meant "the ninth month" and December meant "the tenth month." Their names come from Latin.

Mika : Then, did August mean "the sixth month"?

Mr. Smith : No. [3] It was named after Augustus Caesar. Do you know him?

All students : No.

Mr. Smith : Augustus was the first Roman *Emperor. He was born in August.

Kaoru : I see.

Mr. Smith : July was also named after a great person. He was a great Roman *dictator. One of his greatest *contributions to history was to develop the Julian calendar, the *precursor to the Gregorian calendar we use today. Do you know who he is?

All students : No.

Mr. Smith : His name is Julius Caesar. He was Augustus' *adoptive father.

Suzu : Oh, I know the name. [4]

Mr. Smith : Oh, have you? It's one of the most famous *plays written by William Shakespeare.

Mika : How about June? It's my birth month!

Mr. Smith : OK. June was named after Juno, the *goddess of marriage. June has always been a popular month for weddings. Have you ever heard about June brides?

Mika : No, I haven't. It's my first time that I've heard these words.

Mr. Smith : Well, women who get married in June are called June brides. It is said that June brides will have happy lives.

Kaoru : Why will they have happy lives?

Mr. Smith : Because it is believed that June brides will be protected by the goddess Juno.

Mika : Oh, it's wonderful! I want to get married in June someday!

Mr. Smith : I hope so.

Taka : Will you tell us about other months that you haven't talked about yet?

Mr. Smith : Sure. Well, February comes from the Latin word "februa." It was a festival which was held at the end of the year. [5] May was named after Maia, an earth goddess of growing plants. The months' names in English come from the gods, the goddesses and Latin words.

Taka : That's very interesting.

Suzu : I learned a lot from you! Thank you.

Mr. Smith : My pleasure. OK, that's all for today. I'll see you tomorrow.

All students : See you tomorrow!

(注) guess ～を推測する，言い当てる　　ancient　古代の　　insist(ed)　要求する
celebration　祝賀　　incidentally　ついでながら　　emperor　皇帝　　dictator　執政官
contribution(s)　寄与，貢献　　precursor　前身　　adoptive father　養父　　play(s)　芝居
goddess(es)　女神

ア　I read a book about him last month.

イ　I think that April is the correct answer.

ウ　Do you know how many arms the octopus has?

エ　The name September comes from "septem," Latin for "seven."

オ　I have watched the play "The Tragedy of Julius Caesar" before.

カ　August is different from the months that end with "ber."

キ　How many arms does the octopus have?

ク　So that means the answer is March!

ケ　January and February were not in the first Roman calender.

コ　April was named after Aphrodite, the goddess of beauty.

3　次の (1)・(2) の英文中に不要な文が 1 つある。下線部①〜⑤のうちからそれぞれ選び，番号で答えなさい。

☐　(1)　Have you ever used a furoshiki?　①Furoshiki are traditional Japanese pieces of cloth.　②They are square, and are used to wrap and carry things.　③They are good for the environment because they can be used many times. If you have one, you don't have to use wrapping paper or plastic bags.　They are also convenient.　④You can fold them up and keep them in your pocket.　⑤They were first made in the Nara period and now became popular among young people.　I think more people should use furoshiki.　Using furoshiki is one way to help the environment.

☐　(2)　Partner dogs help people who can't walk or can't use their hands well because they had accidents or got sick.　The people who use partner dogs are called "users."　How do partner dogs help their users?　①Many partner dogs in Japan are *Labrador Retrievers.　The name "Retriever" comes from "retrieve."　To retrieve means finding something and bringing it back.　They like to retrieve.　②That is important because bringing something to their users is one of their jobs.　③Partner dogs also understand about 50 words and do a lot of things for them.　④Some people are a little afraid of living with them.　Partner dogs help their users when they open and close doors, and go shopping.　⑤The life of their users becomes easier with them.　We should understand that they are important for their users.

(注)　Labrador Retrievers：ラブラドール・レトリバー(犬の種類)

4 次の各文の（　　）に入る最も適切なものを選び，番号で答えなさい。

□ (1) Emiko had a great time in Australia and enjoyed (　　) a different lifestyle.

① experiences ② to experience

③ of experiencing ④ experiencing

□ (2) Your health is (　　) than anything else.

① important ② more important

③ much important ④ most important

□ (3) I (　　) the baseball club when I was a high school student.

① belonged to ② was belonged

③ was belonging to ④ has belonged in

□ (4) I'll give you something nice when you (　　) back home.

① will come ② come ③ coming ④ will be coming

□ (5) I'm so sleepy. I got up (　　) 5:00 this morning.

① in ② to ③ on ④ at

□ (6) I will choose neither this car (　　) that one.

① or ② and ③ nor ④ for

□ (7) I (　　) Lucy an email two hours ago.

① send ② sent ③ have sent ④ has sent

□ (8) How (　　) is this building? It is about 300 meters.

① long ② much ③ tall ④ many

□ (9) Please tell me (　　) that camera.

① where you bought ② where did you buy

③ where it was bought ④ where do you buy

□ (10) My mother had a terrible stomach ache a few days ago and I (　　) her to the hospital then.

① had to take ② have to take ③ should take ④ must take

5 次の日本語の内容になるよう [　] 内の語句を並べ換え，英文を完成させなさい。それぞれ (A)(B)(C) に入るものを書きなさい。

□ (1) 太陽の体積は地球のよりもはるかに大きい。
The volume of the sun is (　　) (A) (　　) (B) (C) (　　).
[that / the earth / much / than / greater / of]

□ (2) 近年，多くの交通事故は携帯電話を使用している運転手によるものである。
These days, (　　) (　　) (A) (B) (　　) (C) (　　) mobile phones.
[drivers / caused / traffic accidents / by / using / are / many]

□ (3) 私たちは若い人たちに留学するチャンスを与える必要がある。
We need to (　　) (　　) (A) (B) (　　) (C) (　　).
[a / young people / study / chance / to / abroad / give]

□ (4) 自分のことは自分でできる年頃だ。
You're (A) (　　) (　　) (B) (　　) (　　) (　　) (C) (　　) yourself.
[care / to / to / of / enough / able / old / take / be]

□ (5) 私が楽しみにしていた試合は雨のため延期になった。
The game (　　) (A) (　　) (　　) (B) (　　) (C) (　　) because of the rain.
[off / to / was / was / put / forward / I / looking]

□ (6) 頭に花をつけたあの女の子が，今朝私が話しかけた女の子だ。
The girl (　　) (　　) (A) (　　) (B) (　　) (C) talked to this morning.
[on / the one / flowers / is / her head / I / with]

6 次の日本文を英語に直しなさい。なお，(　　) 内に与えられた語をそのままの形
□ で順に用いること。
先月私が読んだ本は，この本よりずっと難しい。
(read / much / one)

出 題 の 分 類

① 長文読解   ④ 語句補充

② 長文読解   ⑤ 同意文書き換え

③ 適文補充   ⑥ 語句整序

▶ 解 答 ・ 解 説 は P.96

時　間：50分
目標点数：80点

1回目	/100
2回目	/100
3回目	/100

① 英文を読んで，あとの各問いに答えなさい。

Thousands of people came to *Olympia for the first *Olympic Games. They came from lots of different towns in *Greece.

At first (1). Later there were *jumping competitions, *boxing competitions, and also *horse racing. The Games were fun. People sold food, drinks, and flowers. There were singers and dancers, too.

Only men played in the Games. In today's Olympics, *athletes wear shorts and shirts, but in the first games, the athletes didn't wear anything. (2)!

In Greece, at that time, there was a lot of fighting. But the Games started and *everybody stopped fighting for a month. They went to the Games. Then the Games finished and people started fighting again.

(3) for a thousand years. They stopped around *400 AD and didn't start again for almost 1,500 years.

Today there are two Olympic Games: the Summer Olympics and the Winter Olympics.

The *modern Olympic Games aren't always in Greece. (4).

Thousands of athletes — men *and* women — come to the modern Olympics. They come from over two hundred different countries in the world. They all want to win *medals for their countries: a gold medal is for first, a silver medal is for second, and a *bronze medal is for third.

In Olympia, a short time before the Olympic Games, eleven women *light the *flame on the Olympic *torch. Then (5). This *can be a long run. Sometimes the Olympic torch needs to go on a *ship or a plane. In 2008 over twenty thousand athletes took the torch from Olympia to *Beijing, China.

After many days or weeks, the last athlete arrives and lights the big flame in the Olympic stadium. Now the Games can start!

(*Amazing Young Sports People* より)

(注)　Olympia　オリンピア　　Olympic　国際オリンピック競技の　　Greece　ギリシャ

jumping competitions　跳躍競技　　boxing competitions　ボクシング競技　　horse racing　競馬

athletes　スポーツ選手　　everybody　みんな　　400 AD　西暦400年　　modern　現代の

medals　メダル　　bronze　青銅の　　light　に火をつける　　flame　炎　　torch　たいまつ

can　こともありうる　　ship　船　　Beijing　北京

□ 問 1 （1）～（5）に入る表現はどれですか。次のうちから最も適切なものを選び，それぞれ記号で答えなさい。ただし，各記号は一度しか使えないものとする。また，文頭にくるものも小文字で記してある。

ア　there weren't any women watching the Games
イ　there were only short running races
ウ　athletes take the torch from Olympia in Greece to the Olympic stadium
エ　they're in a different country each time
オ　there were Games at Olympia every four years

□ 問 2 　本文の内容と一致するように，次の英文の（　）に入る数字として正しいものはどれですか。次のうちから，最も適切なものを選び，記号で答えなさい。

More than （　　） athletes carried the Olympic torch from Olympia to Beijing.

ア　200　　イ　400　　ウ　2,000　　エ　12,000　　オ　20,000

□ 問 3 　本文の内容と一致するものはどれですか。次のうちから適切なものを 2 つ選び，記号で答えなさい。

ア　There were swimming competitions in the first Olympic Games.
イ　In the first Olympics there were no women athletes.
ウ　The first Olympic Games started and fighting stopped in Greece for a month.
エ　Eleven men in Olympia light the flame on the Olympic torch.
オ　Nobody has brought the Olympic torch by ship.

2 次の英文の内容に合うように (1) ～ (5) に続くものとして最もふさわしいものを選び, それぞれ記号で答えなさい。

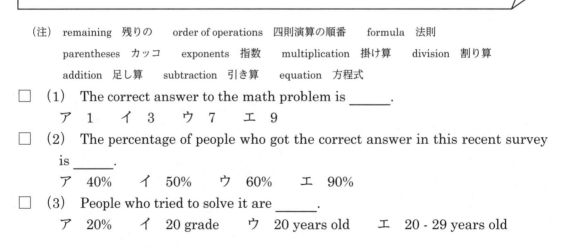

A lot of people are having trouble with this math problem.

$$9 - 3 \div \frac{1}{3} + 1 = ?$$

It looks like a simple math problem, but it recently became the topic of conversation in Japan, as people quickly found they were getting the wrong answer. According to a study by PopSugar, only 60 percent of people who are in their 20s solved it correctly.

So what is the *remaining 40 percent doing wrong? Presh Talwalkar, a mathematician and the man behind the problem explains how it's done.

The trick is to remember PEMDAS, the *order of operations *formula, which stands for *parentheses, *exponents, *multiplication, *division, *addition, *subtraction. As Talwalkar explains, this means first calculating $3 \div \frac{1}{3}$. Three divided by $\frac{1}{3}$ is nine, and then carrying along with the *equation from left to right, you end up with the correct answer of — drum roll please, 1!

Unfortunately, most people who get it wrong forget about PEMDAS, and simply do the equation from left to right. Common incorrect answers were 3, 7, or 9.

Of course, it's just a simple math problem — or is it? The 60% rate of correct answers is down from 90% in the 1980s. What could this big (①) mean? Does this mean that we depend too much on easy Internet research and calculators?

(注) remaining 残りの　　order of operations 四則演算の順番　　formula 法則

parentheses カッコ　　exponents 指数　　multiplication 掛け算　　division 割り算

addition 足し算　　subtraction 引き算　　equation 方程式

☐ (1) The correct answer to the math problem is _____.

　　ア　1　　イ　3　　ウ　7　　エ　9

☐ (2) The percentage of people who got the correct answer in this recent survey is _____.

　　ア　40%　　イ　50%　　ウ　60%　　エ　90%

☐ (3) People who tried to solve it are _____.

　　ア　20%　　イ　20 grade　　ウ　20 years old　　エ　20 - 29 years old

☐ (4) To answer this equation correctly, you need to first calculate _____.

ア　$9 - 3$　　イ　$3 \div \dfrac{1}{3}$　　ウ　$\dfrac{1}{3} + 1$　　エ　$3 + 1$

☐ (5) The best answer to fill in the blank (①) is _____.

ア　up　　イ　percent　　ウ　PEMDAS　　エ　drop

3　それぞれの英文を読んで，話の流れを考えて話の結末として ☐ に入れるのに最も適するものをそれぞれ選び，記号で答えなさい。

☐ (1) Sylvia loves her cat and keeps it in her room. But her cousin, Roy, has a small dog. One day, Roy came to her house with his dog. She was very surprised to see him coming with his dog. She hurried to her room to ☐ .

ア　put her cat in her room　　　イ　feed her cat in her room

ウ　clean her room　　　エ　stay in a room with a nice view

☐ (2) Most people in Holland have a bicycle. Some people have more than one. There are about seventeen million bicycles in Holland and its population is about sixteen million. Why are bicycles so popular in Holland? Because it is very easy to ride a bicycle there. Holland ☐ .

ア　is a very flat country, and it rains a lot

イ　is a very flat country, and it doesn't rain a lot

ウ　has a lot of ups and downs, and it rains a lot

エ　has a lot of ups and downs, and it doesn't rain a lot

☐ (3) Japan has become one of the most important countries in the world, and relations among countries are much closer. The number of people coming to Japan is increasing. They come to travel around or work. They are interested in Japan. But they find that Japan is still a wonderland. This is a problem. We must do something about the problem. The main things we have to do are to know more about our country and culture and to ☐ .

ア　study about foreign countries and cultures

イ　do well in tests on those subjects

ウ　become interested in foreign cultures

エ　speak more about ourselves in foreign languages

4　次の各文の（　）に最も適する語（句）を次のうちから選び，記号で答えなさい。

☐ (1)　We will stay here （　　　） the end of next month.
　　　ア　in　　　　イ　while　　　　ウ　until　　　　　エ　by

☐ (2)　Do you know the students in this class （　　　） can speak English well?
　　　ア　who　　　イ　which　　　ウ　where　　　　エ　when

☐ (3)　My sister has （　　　） more free time than my brother.
　　　ア　a few　　イ　many　　　ウ　lot　　　　　エ　much

☐ (4)　I'm sorry I （　　　） back to you sooner.
　　　ア　wrote　　イ　didn't write　　ウ　was not written　　エ　will write

☐ (5)　John tried （　　　） this morning, and he felt good.
　　　ア　run　　　イ　ran　　　　ウ　runs　　　　エ　running

5　次の 2 つの文がほぼ同じ意味になるように空所に適語を入れなさい。

☐ (1)　The news about the accident was a big surprise to me.
　　　I was very ＿＿＿＿ ＿＿＿＿ the news about the accident.

☐ (2)　We must try our best.
　　　We must try as hard as ＿＿＿＿ ＿＿＿＿.

☐ (3)　Why don't we eat lunch here?
　　　＿＿＿＿ ＿＿＿＿ eating lunch here?

☐ (4)　When did you get to know that man?
　　　How long ＿＿＿＿ ＿＿＿＿ ＿＿＿＿ that man?

☐ (5)　My sister is too young to travel alone.
　　　My sister is ＿＿＿＿ young ＿＿＿＿ she ＿＿＿＿ travel alone.

6 　次の (1) ～ (5) の日本語に合うようにそれぞれ下の選択肢を並べ換え，英文を完成
　させなさい。解答は①～⑩に入れるものを記号で答えなさい。ただし，文頭にくる語
　も小文字となっている。

□　(1)　君が将来会いたいと思っている人はいったいだれですか。

＿＿＿＿　①　＿＿＿＿　＿＿＿＿　＿＿＿＿　②　＿＿＿＿　＿＿＿＿ the future?
　　ア　you　　イ　in　　ウ　want　　エ　it　　オ　see
　　カ　to　　キ　who　　ク　is　　ケ　that

□　(2)　地球は平らだと昔は信じられていた。

＿＿＿＿　＿＿＿＿　＿＿＿＿　③　＿＿＿＿　④　＿＿＿＿　＿＿＿＿ .
　　ア　to　　イ　believed　　ウ　flat　　エ　that　　オ　be
　　カ　used　　キ　the earth　　ク　was　　ケ　it

□　(3)　調査することによって，どこが間違っているかわかるだろう。

＿＿＿＿　＿＿＿＿　⑤　＿＿＿＿　＿＿＿＿　⑥　＿＿＿＿　＿＿＿＿ .
　　ア　to　　イ　is　　ウ　wrong　　エ　you　　オ　the investigation
　　カ　find out　　キ　enable　　ク　what　　ケ　will

□　(4)　その部屋は 10 人の子供が寝られるくらい広かった。

＿＿＿＿　＿＿＿＿　＿＿＿＿　⑦　＿＿＿＿　＿＿＿＿　⑧　＿＿＿＿ .
　　ア　in　　イ　for　　ウ　to　　エ　large　　オ　the room
　　カ　sleep　　キ　enough　　ク　was　　ケ　ten children

□　(5)　彼は決してそのようなことはしない。

＿＿＿＿　＿＿＿＿　⑨　＿＿＿＿　＿＿＿＿　⑩　＿＿＿＿　＿＿＿＿ .
　　ア　a thing　　イ　the　　ウ　to　　エ　he　　オ　person
　　カ　is　　キ　such　　ク　last　　ケ　do

出題の分類

時　　間：50分
目標点数：80点

① 長文読解
② 長文・資料読解
③ 同意文書き換え・語句整序
④ 語形変化・発音
⑤ アクセント
⑥ 和文英訳

▶ 解答・解説は P.100

1回目	/100
2回目	/100
3回目	/100

① 次の英文を読んで，あとの各問いに答えなさい。

Once there was an old man in Burma who had a daughter. He was very happy when she married a nice young man who came （　1　） a good family. At first everything went well, but after a little while there was a problem. The young husband wanted to be an *alchemist. He spent all his time trying to turn *dirt into gold. He was sure that in this way they could one day be rich without working. [①] He also spent a lot of money trying to find a way to make his dream come true. After some months like this, there was very （　2　） money. The young wife decided to talk to her husband.

"Husband, why don't you try to find a job? Trying to make us rich fast has left us with no money at all," she said to him one day.

"But can't you see that I'm very near to finding (1)the secret!" he replied. "When I know how to turn dirt into gold, we'll be richer than you can ever imagine!"

Perhaps it was true that he was always very near to finding the secret. But he never found it. After many weeks, life became more and more difficult. Sometimes there were days when there was no money for food in the house. [②] Her father was surprised to hear that his *son-in-law wanted to be an alchemist. He asked to speak to the young man the next day.

"My daughter has told me about your （　3　）," he said to his son-in-law. "When I was young, I too wanted to be an alchemist!"

(2)The younger man was very happy.　Here, at last, was someone who could understand his dream. The *father-in-law asked about the young man's work, and (A)the two of them (ア about / イ ways / ウ of / エ started / オ talking / カ trying / キ different) to turn dirt into gold. After two hours, the old man jumped to his feet.

"You've done everything that I did when I was a young man!" he shouted. "I'm sure you're very near to finding the great secret. But you need one more special thing to change dirt into gold, and I only learned about this a few days ago."

"One more special thing?" asked the son-in-law. He found talking with the old man more and more interesting.

"Yes, that's right. But (B)I'm (ア do / イ job / ウ of / エ old / オ this kind / カ to / キ too)," he said. "It's a lot of work and I can't do it now."

"I can do it, Father-in-law!" shouted the young man.

"Hmm, perhaps you can," said the old man. [③] "Listen carefully. The special thing is a silver powder that grows on the back of the leaves of the banana plant. This is a magic powder."

"Magic powder?" asked the son-in-law. "What do you mean?"

"Listen," replied the older man. "To get this powder you must plant bananas, lots of bananas. And you must plant them yourself. While you plant each banana *seed you must say special magic words. Then when the plant (a), you'll see the magic silver powder on the leaves."

"(4) much magic powder do we need?" the young man asked at once, very interestedly.

"One kilogram," the old man replied.

"One kilogram! We'll need hundreds of banana plants for that!"

"Yes," said the old man, "and that's why I can't do the work myself, I'm afraid."

"Don't worry!" said the young man, "I'll do it!"

And so the old man (b) his son-in-law the magic words and gave him enough money to start planting the bananas.

The next day, the young man bought a field. He planted the banana seeds just as the old man told him to do. He quietly said the magic words while each seed went into the ground. [④] He kept every *banana fly away from them. When the bananas came, he carefully took the silver powder off the banana leaves, and put it into a special bag. The banana plants got larger quickly and the young man worked hard every day.

[※] He ran to his father-in-law's house.

"I've got enough magic powder!" he shouted.

"Wonderful!" replied the old man. "Now I can show you how to turn dirt into gold! But first your wife must come here. We need her too."

When she arrived, the old man asked his daughter, "While your husband was getting the banana powder, what did you do with the bananas?"

"I sold them in the market," the daughter said. "(C)(ア a long / イ for / ウ have / エ lived / オ on / カ that money / キ we) time."

"Did you save any money?" asked the father.

"Yes," she replied.

"Can I see it?" asked the old man. So his daughter (c) home and came back with ten big bags. The old man opened them and saw that they were (5) of gold. He took all the coins out of one of the bags and put them on the floor. Then he took the banana powder and put it next to the gold.

"You see," he said, turning to his son-in-law, "(3)you've changed dirt into gold! So you are an alchemist in a way, after all. And what's more, you're now a very rich man!"

(注) alchemist 錬金術師　　dirt 土　　son-in-law 義理の息子　　father-in-law 義理の父

seed 種　　banana fly キイロショウジョウバエ

問1　空所(1)～(5)に入れるのに最も適切なものを次のうちからそれぞれ選び，記号
　　で答えなさい。

□　(1)　ア　at　　　　　イ　from　　　　ウ　out　　　　エ　until　　　　オ　up
□　(2)　ア　big　　　　　イ　few　　　　ウ　little　　　エ　much　　　　オ　rich
□　(3)　ア　company　　イ　friend　　　ウ　health　　エ　plan　　　　オ　travel
□　(4)　ア　What　　　　イ　Where　　　ウ　Which　　エ　Who　　　　オ　How
□　(5)　ア　covered　　　イ　full　　　　ウ　short　　　エ　useful　　　オ　weak

□　問2　空所[①]～[④]に入れるのに最も適切なものを次のうちからそれぞれ選び，
　　　記号で答えなさい。

　　　ア　Each day he looked carefully at the little plants.
　　　イ　His voice was suddenly quiet.
　　　ウ　So the young wife went to talk to her father.
　　　エ　Night and day he dreamed of finding the secret of the alchemists.

□　問3　下線部(1)が指すものとして最も適切なものを次のうちから選び，記号で答
　　　えなさい。
　　　ア　妻と仲直りをする方法
　　　イ　仕事を見つける方法
　　　ウ　土を金に変える方法
　　　エ　健康に暮らす方法
　　　オ　作物を育てる方法

□　問4　空所(a)～(c)に入れるのに最も適切なものを次のうちからそれぞれ選び，必
　　　要があれば形を変えて1語で答えなさい。

　　　grow　　　hurry　　　teach

□　問5　下線部(2)の理由として最も適切なものを次のうちから選び，記号で答えな
　　　さい。
　　　ア　妻が代わりにお金を稼ぐことになったから。
　　　イ　妻が自分に錬金術の秘密を教えてくれたから。
　　　ウ　義理の父が自分の夢を理解してくれたと思ったから。
　　　エ　義理の父が錬金術師をしているとわかったから。
　　　オ　義理の父が妻と久しぶりに再会できたから。

☐ 問 6　空所 [※] に次の A ～ C の英文を文意が通るように正しく並べ換えて入れた
　　とき，その順序を表すものを以下から 1 つ選び，記号で答えなさい。

　　A　It took seven years, but at last the young man had one kilogram of silver
　　　　powder.
　　B　So the young man had to buy more fields and plant more bananas.
　　C　The only problem was that on each plant there was not a lot of silver
　　　　powder.

　　ア　A → B → C　　　　　　イ　B → A → C
　　ウ　B → C → A　　　　　　エ　C → A → B
　　オ　C → B → A

☐ 問 7　下線部 (3) の方法として最も適切なものを次のうちから選び，記号で答えな
　　さい。

　　ア　夫が集めたバナナの粉に妻が魔法の言葉をかけた。
　　イ　夫が育てたバナナを妻が市場で売った。
　　ウ　夫が 1 キログラムのバナナの粉を畑にまいた。
　　エ　使い終わったバナナ畑を妻が売った。
　　オ　夫が義理の父から財産を譲ってもらった。

問 8　下線部 (A) ～ (C) がそれぞれ次の意味になるように（　）内の語（句）を並べ換えた
　　とき，（　）内で 3 番目と 5 番目にくるものを記号で答えなさい。ただし，文頭にく
　　るべき語も小文字で表記されている。

☐　(A)　その 2 人は土を金に変えるさまざまな方法について話し始めた。
☐　(B)　私は歳をとり過ぎて，この種類の仕事をすることができない。
☐　(C)　私たちは長い間あのお金で暮らしてきました。

☐ 問 9　本文の内容に一致するものを次のうちから 2 つ選び，記号で答えなさい。

　　ア　The young man never talked to others because he had a difficult
　　　　character.
　　イ　The young man believed that he could have a lot of money without having
　　　　a job.
　　ウ　The young man and his wife were told to plant bananas together by the
　　　　father.
　　エ　The father was not able to grow bananas because he was very busy.
　　オ　After learning the magic words, the young man waited for a few days to
　　　　buy a field.
　　カ　The wife used all the money and there was no money for the young man.
　　キ　The young man succeeded in making money and he became rich.

2 次の英文を読んで，あとの各問いに答えなさい。

How to Use a Self-Checkout Machine at a Store

1 Bring your items to the self-checkout line. Place your basket in the *designated area.

2 Press the Start button on the touchscreen.

3 *Confirm whether you brought your own bags. Many self-checkout machines ask you to add your bags to the bagging platform before scanning any items.

4 Scan your items by lining up the barcode with the red light of the scanner. An electronic beep sounds when the scan is successful.

5 Place each scanned item onto the bagging platform *immediately after you scan it. Keep the item there until after you pay.

6 When you are done, press the large PAY button and select your method of payment. Some self-checkout machines do not accept cash so you may need to use a credit card.

7 Remove your items from the bagging platform. Do not remove any items from the bagging platform before completing the above steps because the machine will *detect this and an alarm will ring.

Tip

Before choosing self-checkout, check attitudes of people in the lines. Are some people *giggling or looking nervous, like they have never tried it before? This may mean delays. Look for relaxed customers and join their line.

Warnings

① Attendants will still be around to prevent *theft and assist with operation of the machines.

② Self-checkout lines can take longer than traditional ones because some people may not know how to use the machines.

(注) designated 指定された　　confirm whether ～　～かどうか確認する　　immediately 直ちに
detect 見つける，感知する　　giggle くすくす笑う　　theft 窃盗

□ (1) What do the customers need to do just after they scan an item?
　　ア　They need to place the item on the bagging platform.
　　イ　They need to place the item into the basket in the designated area.
　　ウ　They need to press the PAY button and select the payment method.
　　エ　They need to put their bags onto the bagging platform.

□ (2) What will happen if customers take items off the bagging platform before they pay?
　　ア　The electronic beep will sound.
　　イ　An alarm will ring.

ウ　The police will come to the store.

エ　Customers have to scan all their items again.

□　(3)　Why should customers follow the advice in the Tip section?

ア　The customers with a relaxed look may be faster at using a self-checkout machine.

イ　The customers with a relaxed look will not worry if there is a problem with the self-checkout machine.

ウ　The customers with a relaxed look are not in a hurry.

エ　The customers with a relaxed look have never used a self-checkout machine.

□　(4)　Which sentence is true about using the self-checkout machines?

ア　The self-checkout line always moves faster than the traditional cashier line.

イ　The customers are asked to pay by credit card.

ウ　The prices of all products in the store will be reduced if many customers use the self-checkout machines.

エ　Attendants will help the customers who have trouble using the self-checkout machines.

3　各組の文がほぼ同じ意味を表すように語句を並べ換えたとき，①②にくる語句を記号で答えなさい。ただし，各問とも不要な語句が 1 つ含まれている。また，文頭にくる語句も小文字になっていることがある。

☐ (1)　There are more people living in Tokyo than in New York.

　　（　　）（　　）（　　）（　①　）（　　）（　　）（　②　）（　　）（　　）.

　　ア　Tokyo　　イ　New York　　ウ　the population　　エ　of　　オ　larger
　　カ　that　　キ　it　　ク　than　　ケ　of　　コ　is

☐ (2)　I might have to work late this Friday.

　　（　　）（　①　）（　　）（　　）（　　）（　②　）（　　）（　　）late this Friday.

　　ア　able　　イ　have　　ウ　work　　エ　it's　　オ　will　　カ　I
　　キ　that　　ク　to　　ケ　possible

☐ (3)　Will you take me to Yokohama Stadium, please?

　　（　　）（　　）（　①　）（　　）（　　）（　②　）（　　）, please?

　　ア　Yokohama Stadium　　イ　mind　　ウ　at　　エ　would
　　オ　taking　　カ　you　　キ　to　　ク　me

☐ (4)　Ben is looking for a restaurant.　It is on the fifth floor of that building.

　　（　　）（　　）（　①　）（　　）（　　）（　②　）on the fifth floor of that building.

　　ア　is looking　　イ　is　　ウ　the　　エ　restaurant　　オ　for
　　カ　Ben　　キ　place

☐ (5)　I have never heard such a sad story.

　　（　　）（　　）（　　）（　①　）（　　）（　　）（　②　）（　　）.

　　ア　I've　　イ　story　　ウ　that　　エ　is　　オ　the　　カ　ever
　　キ　saddest　　ク　never　　ケ　heard

4　次の（　）内の動詞を過去形にしたとき，その発音が［　］内に示した語の下線部と
　同じ音を含むものがいくつあるか，次のうちからそれぞれ選び，記号で答えなさい。

☐　(1)　［ exam ］
　　　（ give / swim / shut / drink ）
　　　ア　1つ　　イ　2つ　　ウ　3つ　　エ　4つ

☐　(2)　［ shoes ］
　　　（ bring / lose / grow / show ）
　　　ア　1つ　　イ　2つ　　ウ　3つ　　エ　4つ

☐　(3)　［ breath ］
　　　（ fall / say / set / sleep ）
　　　ア　1つ　　イ　2つ　　ウ　3つ　　エ　4つ

5　次の単語の中で最も強く発音する部分の位置が他の3つと異なるものを選び，そ
　れぞれ記号で答えなさい。

☐　(1)　ア　in-jured　　イ　har-vest　　　ウ　po-lice　　　エ　air-port
☐　(2)　ア　e-lec-tric　　イ　choc-o-late　　ウ　In-ter-net　　エ　news-pa-per

6　次のそれぞれの下線部を，文脈に合うように英語1文で表現しなさい。

☐　(1)　A : Oh, Evan, you're so sweet. Did you just help that little girl?
　　　　B : Yes, 切符の買い方を教えてあげたんだよ。

☐　(2)　Hey, look!　あれが，毎朝うちの庭に来る鳥よ。Isn't he beautiful?

出題の分類

① 長文読解　　④ 語彙
② 長文読解　　⑤ 語彙
③ 長文・資料読解　⑥ 和文英訳

時　間：50分
目標点数：80点

1回目 /100
2回目 /100
3回目 /100

▶ 解答・解説は P.105

---

1 次の英文を読んで，あとの各問いに記号で答えなさい。

During his term in office, President Kennedy gave full funding to NASA, the space agency. He did this because he wanted to see Americans land on the moon. In July 1969 three men made Kennedy's dream come true during the Apollo 11 mission. Thousands of people had worked for many years in order to send them to the moon. There were 10 Apollo missions before, but one failed but the others were successful. Finally it was time to try a moon landing.

Their spacecraft took off from NASA in Houston, Texas. A Saturn 5 rocket carried the astronauts and their spacecraft into orbit. They blasted through space at speeds as fast as 25,000 miles per hour. Even at that very fast speed, it took four days to reach the moon. The men had a special craft designed only for landing on the moon. This lunar module was called the Eagle.

After the Eagle landed, Neil Armstrong stepped out onto the moon. People all over the world watched on their television sets as he said, "That's one small step for man, one giant leap for mankind." Buzz Aldrin followed Armstrong onto the moon's surface, but Michael Collins stayed circling the moon in the main spacecraft. He had to make sure that nothing happened to the spacecraft that would take them home.

The astronauts moved around on the moon, gathering rocks and taking photographs. They did many experiments on the moon. Before they left, they planted an American flag in the ground in the place where they landed. Next to it they put a plaque that read, "We came in peace for all mankind." The flag and the plaque are still there.

Some people think that moon travel may become common. They want to build hotels on the moon and have people go there for their vacations! If that happens, people will visit the site of the first moon landing and take its photographs. They will stand where Neil Armstrong made history.

□ 問 1　What did President Kennedy want to do with NASA?
　ア　He wanted to make NASA.
　イ　He wanted to make a speech.
　ウ　He wanted to have a good night sleep.
　エ　He wanted to send people to the moon.

□ 問 2　How many Apollo missions were successful before Apollo 11 mission?
　ア　9　　イ　10　　ウ　11　　エ　12

□ 問 3　How long did it take for them to reach the moon?
　ア　25,000 miles per hour.　　イ　Saturn 5 rocket did.
　ウ　Four days.　　エ　As fast as they could.

□ 問 4　Why didn't Michael Collins step out onto the moon?
　ア　Because he had to keep the spacecraft safe.
　イ　Because he had to make the spacecraft.
　ウ　Because nothing happened.
　エ　Because he had to draw a circle.

□ 問 5　What were two things they left on the moon?
　ア　Rocks and photographs.　　イ　Experiments and plants.
　ウ　Rocks and experiments.　　エ　A flag and a plaque.

□ 問 6　Which of the following is NOT TRUE about the future people?
　ア　They might go to the moon to build hotels.
　イ　They might make history with Neil Armstrong.
　ウ　They might go to the place where Neil Armstrong landed.
　エ　They might take photographs of the sight Neil Armstrong landed.

2　次の英文を読んで，あとの各問いに答えなさい。

The year is 1971.　Ray Tomlinson is sitting in his office in Cambridge, Massachusetts.　①

What did this first e-mail say?　Tomlinson doesn't remember.　Maybe it was just a *string of ②letters, like "q w e r t y u i o p."　He remembers the second message.　He sent it to his *co-workers.　③This second e-mail message (e-mail / how / on / people / send / to / told) the computer network.

Before 1971, there was no e-mail.　In those days, people didn't have small computers on their desks.　They only had keyboards and monitors.　These were all *connected to a big computer.　People could only send messages to other people on the same computer.　They could send files to other computers through the network, but they couldn't "talk."

To solve this problem, Tomlinson needed a way to *direct messages to the right person on the right computer on any network. He chose the @ ("at") symbol. He used @ to *separate a person's name from the name of the computer the person was using. The @ *symbol was a good choice. This symbol was not in anyone's name. Few people used it. (　④　), typewriter companies thought about taking it off the keyboard. Now @ is used 2 million times every second!

No one really *paid any attention to Tomlinson's *achievement. In the 1970s, only about 500 people used e-mail. They only used it to do projects at (　⑤　). Then, in the 1980s, the first personal computers arrived. They were small and not very expensive. For the first time, people could have computers at (　⑥　). Then came the Internet. Soon e-mail became a popular way to communicate. Today, over one billion people use it. Office workers spend almost an hour a day on e-mail. Some people check their e-mail 30 to 40 times an hour.

Tomlinson is sorry about one thing-spam. Spam is e-mail that no one wants. Most of it is *advertising that tries to sell something. ⑦About 70 percent of each day's 180 billion e-mail messages spam. As the number of e-mail users grows, spam is becoming *more and more of a problem.

*Unlike many other inventors, Tomlinson is not (　⑧　). Most people don't even know his name. However, thanks to this unknown hero, people all over the world can communicate with each other in seconds.

(注)　string　一連のもの　　co-workers　同僚　　connect　つなぐ　　direct　を向かわせる

separate … from ～　…を～から分ける　　symbol　文字, マーク

pay attention to　～に注意を払う　　achievement　成果　　advertising　広告

more and more of a problem　ますます問題に　　unlike　～と違って

□　問1　次の英文は本文中の　①　に入るものである。正しい順番に並べ換え, 記号で答えなさい。

ア　"Yes!" He just sent the first electronic message from one computer to a different computer through a network.

イ　He types a few letters on a keyboard.

ウ　Then he moves to a second computer in the room and reads the monitor.

□　問2　下線部②の意味を漢字2字で答えなさい。

□　問3　下線部③が「この2番目のEメールの内容は, コンピュータネットワーク上でのEメールの送信方法を人々に伝えていました。」という意味になるように, (　)内の語を並べ換え, 文を完成させなさい。

□　問4　空所④に入る語(句)を次のうちから選び, 記号で答えなさい。

ア　Even though　　イ　For the first time　　ウ　However　　エ　In fact

□ 問 5　空所⑤，空所⑥に入る語の組み合わせとして正しいものを次のうちから選び，記号で答えなさい。

　　ア　⑤＝ home　　　⑥＝ home
　　イ　⑤＝ home　　　⑥＝ work
　　ウ　⑤＝ work　　　⑥＝ home
　　エ　⑤＝ work　　　⑥＝ work

□ 問 6　下線部⑦からは "is" が取り除かれている。本来入るべき場所はどこか。下の英文中の記号で答えなさい。

About ァ 70 percent ィ of each day's ゥ 180 billion ェ e-mail messages ォ spam.

□ 問 7　空所⑧に入る語を答えなさい。

□ 問 8　下の図は 1971 年以前のコンピュータの使われ方を示したものである。図の A，B，C はそれぞれ何を表しているか。組み合わせとして正しいものを選び，記号で答えなさい。

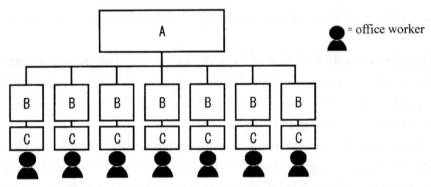

　　ア　A ＝ computer　　B ＝ network　　C ＝ monitor
　　イ　A ＝ computer　　B ＝ monitor　　C ＝ keyboard
　　ウ　A ＝ file　　　　 B ＝ network　　C ＝ monitor
　　エ　A ＝ file　　　　 B ＝ monitor　　C ＝ keyboard

□ 問 9　本文の内容と一致する文を次のうちから 2 つ選び，記号で答えなさい。

　　ア　Ray Tomlinson sent the first message to his co-workers.
　　イ　Ray Tomlinson remembers the message which he sent to his co-workers.
　　ウ　Before 1971, a lot of people were able to use @ to send messages.
　　エ　Even before 1971, everyone was able to send e-mail messages through the network.
　　オ　Spam was first made by Ray Tomlinson.
　　カ　Most people don't know Tomlinson, but many people can communicate with each other by e-mail because of his invention.

3 次の表と英文について，(1)，(2)の問いに答えなさい。

*Leisure Activities by *Males and *Females (10 years old and over) (2011)

Leisure Activities	Total	Males	Females
Free time per day（hours and minutes）	6:27	6:38	6:16
Active leisure time（hours and minutes）	1:14	1:28	1:04
Participation rate			
Hobbies and amusements	84.8%	84.8%	84.9%
（　①　）	63.0%	67.9%	58.3%
Learning, self-education and training	35.2%	34.3%	36.1%
Volunteer activities	26.3%	24.5%	27.9%

These are the results of the 2011 *Survey on Time Use and Leisure Activities. They show that the average amount of free time was 6 hours and 27 minutes per day. And they show that 1 hour and 14 minutes of free time was spent on leisure activities such as hobbies, sports, learning, *self-education, volunteer activities, *etc.

The *participation rate for "sports" was 63.0 percent. The most popular sport for both males and females was "walking." Other popular sports for men were "bowling" (15.1 percent) and "golf" (13.7 percent). For women, such sports were "bowling" (10.6 percent) and "swimming" (9.7 percent).

The participation rate for "learning, self-education and training" was 35.2 percent. Men preferred "using computers etc." (14.8 percent) and "foreign language" (11.0 percent). Women preferred "cooking, knitting, etc." (12.6 percent), in addition to "arts and culture" (12.3 percent).

（出典：総務省統計局「Statistical Handbook of Japan 2015」より編集して一部引用）

（注）　Leisure Activities　余暇活動　　Males　男性　　Females　女性　　Survey　調査
　　　self-education　自己教育　　etc.　〜など　　participation rate　参加率

□　問 1　（①）に入れるのに最も適切なものを次のうちから選び，記号で答えなさい。
　　　ア　Golf　　イ　Sports　　ウ　Walking　　エ　Swimming

問 2　表と英文の内容に合うように，次の英文の（　）に入れるのに最も適切なものを次のうちからそれぞれ選び，記号で答えなさい。

□　(1)　Men spent（　　）on leisure than women.
　　　ア　more time　　イ　shorter period　　ウ　more years　　エ　less money

□　(2)　The men's participation rate for "（　　）" was higher than the women's.
　　　ア　volunteer activities　　　　イ　bowling
　　　ウ　self-education　　　　　　エ　cooking

4 　次の英語で定義される単語を答えなさい。なお，例文中の（　）内に与えられた文字で始めること。

□　(1)　an area of darkness, caused by light being blocked by something

　　　　Example：Tokyo Skytree casts a long (s　　　　) over the streets.

□　(2)　a very large round object in space that moves around the sun or another star

　　　　Example：Mars is a (p　　　　) in the solar system.

□　(3)　the grey or black gas that is made when something burns

　　　　Example：There is no (s　　　　) without fire.

□　(4)　a building or group of buildings in which large amounts of goods are made using machines

　　　　Example：My father works in a car (f　　　　).

□　(5)　a meeting in which someone answers questions about himself or herself for a newspaper article, television show, etc.

　　　　Example：The actress didn't talk about her private life in the (i　　　　) last night.

5 　次の各組に共通してあてはまる単語をそれぞれ答えなさい。

□　(1)　$\begin{cases} \text{I don't have (　　) friends in this school because I've just moved to this town.} \\ \text{You must (　　) the door when you go out of the room.} \end{cases}$

□　(2)　$\begin{cases} \text{How (　　) your baby is in her new dress!} \\ \text{It's (　　) cold today. You should wear a coat.} \end{cases}$

□　(3)　$\begin{cases} \text{I don't know where I should (　　) the car around here.} \\ \text{Let's go and see cherry blossoms in the (　　).} \end{cases}$

6 　次の日本語を英語に直しなさい。ただし，指示があるものについてはそれに従うこと。

□　(1)　私たちは試合のために一生懸命練習しなければならなかった。

□　(2)　彼はこれまで外国に 10 回行ったことがある。

□　(3)　私の机の上に携帯電話がある。だれが置いていったのだろうか。(下線部のみ，"I" で始めて)

出題の分類

① 長文読解　　④ 同意文書き換え
② 長文読解　　⑤ 条件英作文
③ 正誤問題

▶ 解答・解説は P.110

時　　間：50分
目標点数：80点

1回目	／100
2回目	／100
3回目	／100

1 次の英文を読んで，あとの各問いに答えなさい。

Something about the old bicycle at the garage sale caught ten-year-old Justin Lebo's eye. It was a *BMX bike with a twenty-inch frame. Justin talked the owner down to $6.50 and asked his mother, Diane, to help *load the bike into the back of their car. When he got it home, he wheeled the bike into the garage and showed it proudly to his father.

Justin and his father cleared out a work space in the garage and put the old bike up on a rack. They rubbed the frame until the old paint began to come off and painted it a bright color. They replaced the broken pedal, tightened down a new seat, and restored the grips. In about a week, it looked brand new.

① Soon he forgot about the bike. But the very next week, he bought another bike at a garage sale and fixed it up, too. After a while it *bothered him that he wasn't really using either bike. Then he realized that he didn't really like riding the old bikes: he liked the challenge of making *something new and useful out of something old and broken.

Justin wondered what he should do with them. They were just taking up space in the garage. He remembered that when he was younger, he used to live near a large brick building called the Kilbarchan Home for Boys. It was a place ②[whose / couldn't / boys / look / for / parents / after] them for one reason or another.

He found "Kilbarchan" in the phone book and called the director, who said the boys would be excited to get two bicycles. The next day when Justin and his mother unloaded the bikes at the home, two boys raced out to greet them. They jumped on the bikes and started riding around the *semicircular driveway, doing wheelies, laughing and shouting.

The Lebos watched them for a while, then started to climb into their car to go back home. The boys cried after them, "Wait a minute! ▢③▢ " Justin explained that the bikes were for them to keep. "They were so happy." Justin remembers. "It was like they couldn't believe it. It made me feel good just to see them happy."

On the way home, Justin was (④). His mother *assumed he was lost in a feeling of *satisfaction. But he was thinking about what would happen when those bikes got carried inside and everybody saw them. How could all those kids decide who got the bikes? Two bikes could cause more trouble than they would solve.

Actually they hadn't been that hard to build. It was fun. Maybe he could do more ...

"Mom," Justin said as they turned onto their street, "I've got an idea. I'm going to make a bike for every boy at Kilbarchan for Christmas." Diane Lebo looked at Justin out of the corner of her eye. She had never seen him so *determined.

When they got home, Justin called Kilbarchan to find out how many boys lived there. There were twenty-one. It was already late June. He had （ A) months to make （ B) bikes. That was almost a bike a （ C). Justin called the home back to tell them of his plan. "I could tell they didn't think I could do it," Justin remembers. "I knew I could."

Justin knew his best chance to build bikes was almost the way *GM or Ford builds cars: in an *assembly line. He *figured it would take three or four old bikes to produce enough parts to make one good bike. That meant sixty to eighty bikes. Where would he get them?

Garage sales seemed to be the only hope. It was June, and there would be garage sales all summer long. But even if he could find that many bikes, how could he ever pay for them? That was hundreds of dollars.

He went to his parents with a proposal. "When Justin was younger," says his mother, "he used to give away some of his *allowance to help others in need. His father and I would donate a dollar for every dollar Justin donated. So he asked us if it could be like the old days, if we'd match every dollar he put into buying old bikes. We said yes."

Justin and his mother spent most of June and July hunting for cheap bikes at garage sales and *thrift shops. They would carry the bikes home, and Justin would start *stripping them down in the yard.

But by the beginning of August, he had managed to make only ten bikes. Summer vacation was almost over, and school and homework would soon cut into his time. Garage sales would dry up when it got colder, and Justin was out of money. Still he was determined to find a way.

| D | A neighbor wrote a letter to the local newspaper describing Justin's project, and an *editor thought it would make a good story. In her *admiring article about a boy who was *devoting his summer to help kids he didn't even know, she said Justin needed bikes and money, and she printed his home phone number.

| E | "There must have been a hundred calls," Justin says. "People would call me up and ask me to come over and pick up their old bikes. Or I'd be working in the garage, and a station wagon would pull up. The driver would leave a couple of bikes by the *curb. It just snowballed."

| F | Once again, the boys raced out of the home and jumped on the bikes, tearing around in the snow.

And once again, their joy inspired Justin. They ⑤[bikes / him / how / were / reminded / important] to him. Wheels meant freedom. He thought about how much more the freedom to ride must mean to boys like these who had so little freedom in their lives. He decided to keep on building.

"First I made eleven bikes for the children in a foster home my mother told me about. Then I made ten little bikes and *tricycles for children with AIDS. Then I made twenty-three bikes for the Paterson Housing Coalition."

In the four years since he started, Justin Lebo has made between 150 and 200 bikes and given them all away. He has been careful to leave time for his homework, his friends, his coin collection, his new interest in *marine biology, and of course, his own bikes.

Reporters and interviewers have asked Justin Lebo the same question over and over: "＿＿⑥＿＿" The question seems to make him uncomfortable. It's as if they want him to say what a great person he is. Their stories always make him seem like a *saint, which he knows he isn't. "Sure it's nice of me to make the bikes," he says, "because I don't have to. But I want to. In part, I do it for myself. I don't think you can ever really do anything to help anybody else if it doesn't make you happy."

"Once I *overheard a kid who got one of my bikes say, 'A bike is like a book; it opens up a whole new world.' That's how I feel, too. It made me happy to know that kid felt that way. That's why I do it."

（注）　BMX　モトクロス用の　　load　積む　　bother　悩ませる　　semicircular　半円の

assume　思う　　satisfaction　満足（感）　　determined　決意が固い

GM or Ford　ゼネラル・モーターズやフォード（アメリカ合衆国の自動車会社）

assembly line　組み立てライン　　figure　計算する　　allowance　小遣い　　thrift shop　中古品屋

strip ~ down　～を分解する　　editor　編集者　　admiring　賞賛した　　devote　捧げる

curb　（道路の）縁石　　tricycle　三輪車　　marine biology　海洋生物学　　saint　聖者

overhear　偶然耳にする

□　問1　下線部①の理由として最も適切なものを次のうちから選び，記号で答えなさい。

ア　He finished the challenge of building the bike.

イ　He bought another broken bike at a yard sale.

ウ　He liked cycling better than fixing an old bike up.

エ　The bike looked brand new from the beginning.

□　問2　下線部②の［　］内の語句を正しく並べ換えなさい。

□　問3　③ に適するものを次のうちから選び，記号で答えなさい。

ア　Thank you so much!　　イ　Don't go without us!

ウ You forgot your bikes! エ Why don't you fix our bikes up?

□ 問4 (④)に適するものを次のうちから選び, 記号で答えなさい。
ア free イ happy ウ angry エ silent

□ 問5 (A)〜(C)に適するものをそれぞれ選び, 記号で答えなさい。
(A) ア four イ six ウ eight エ ten
(B) ア two イ three or four ウ nineteen エ twenty-one
(C) ア day イ week ウ month エ year

□ 問6 [D]−[E]−[F]に入る文の組み合わせとして適切なものを次のうちから選び, 記号で答えなさい。
1 Overnight, everything changed.
2 The week before Christmas Justin delivered the last of the twenty-one bikes to Kilbarchan.
3 At the end of August, Justin got a break.
ア 1−2−3 イ 1−3−2 ウ 2−1−3
エ 2−3−1 オ 3−1−2 カ 3−2−1

□ 問7 下線部⑤の[ ]内の語句を正しく並べ換えなさい。

□ 問8 [⑥]に適するものを次のうちから選び, 記号で答えなさい。
ア What is your next plan? イ How did you do it?
ウ Who told you to do it? エ Why do you do it?

□ 問9 本文の内容に合うものを次のうちから2つ選び, 記号で答えなさい。
ア Justin liked saving the bikes from being thrown away.
イ Justin was happy that the boys at the Kilbarchan Home enjoyed the bikes so much.
ウ Justin was fond of the challenge of collecting bicycles.
エ Justin decided to continue building bikes because he knew how much he could earn.
オ Justin loved the satisfaction of doing things for other people.
カ Justin spent his time not only repairing bikes but also doing many other things.
キ Justin decided to help others as his parents told him to.

[2] 問1 次の英文の空所[ ]に, ア〜エの英文を文意が通るように並べ換えて, 記号で答えなさい。

The shape of the earth is always changing. These changes have many different causes. Some come from forces below ground. These forces can cause an earthquake or a tsunami. And later, the land often looks very different. Changes also happen because of the weather. ［　　　　　　］ At the seaside, waves can move the land in a direction away from the sea.

ア　Finally, water can also change the shape of the land.

イ　For example, a river can make a deep cut into a mountain.

ウ　Also, in the desert, the wind blows the sand and changes the shapes of the hills.

エ　Many years of rain, for example, can wash away dirt and change the shape of rocks.

□　問2　次の英文の空所 (1) ～ (4) にあてはまる英文をア～カから選び，それぞれ記号で答えなさい。

There are many *myths, or false ideas, about sharks. One idea is that sharks like to eat people. Although some sharks can eat people, we are not really on their menu. (　1　), especially if the fish or mammals are weak or dead. Many sharks have *rows of sharp teeth. When teeth are lost, other teeth move in to replace them.

The whale shark — which is not a whale — is Earth's biggest fish. Whales are bigger than sharks, but they are mammals, not fish. The great white shark is perhaps the most dangerous to people. Great whites are large sharks that are known to attack people. Such attacks are rare, though. (　2　).

Because sharks have been on Earth for thousands of years, they are thought to be *primitive, simple animals. This is another myth. Sharks are really very *complex creatures. (　3　). Some have *organs on their long noses that pick up *electric currents made by the muscles of swimming fish. Sharks have large brains, and they learn quickly. They have a good memory and can be trained.

Many people believe that sharks are dangerous. Some of these people think it would be better if there were no sharks. (　4　). They are scavengers that clean up garbage from ships and waste from the ocean. They help other species of sea animals stay strong by eating animals that are sick or weak.

　(注)　myth　神話　　row　列，並び　　primitive　原始的な　　complex　複雑な　　organ　器官
　　　electric current　電流

ア　But sharks are useful to humans

イ　For example, they don't see well, especially in the dark

ウ　It is believed that they take place when a shark mistakes a person for something else

エ　Sharks usually eat fish or sea mammals such as seals

オ　They have a powerful sense of smell and have sharp hearing

カ　The truth is that a shark often attacks from below, without showing its fin above the water

3 次のア～キ英文のうち，文法的に正しいものを 3 つ選び，記号で答えなさい。

- ア Everyone feel sad because Hanako has gone to the United States.
- イ Jiro stopped to run to ask a man the way to the station.
- ウ What has interested you the most?
- エ This is the largest house that I have never seen.
- オ Mary asked me what that tall man was talking about.
- カ He read the newspaper in the library yesterday evening.
- キ I'm easy to answer the questions.

4 アとイの英文がほぼ同じ意味を表すように（　）内に入る適切な語を 1 つずつ書きなさい。

- (1) ア （　　） stylish cars （　　） are!
  - イ （　　） stylish these cars are!
- (2) ア He is smart （　　）（　　） answer this difficult question.
  - イ He is （　　） smart （　　） he can answer this difficult question.
- (3) ア （　　） is （　　） important as health.
  - イ Health is （　　） important （　　） anything else.
- (4) ア Soy beans （　　） made （　　） tofu.
  - イ Tofu is （　　）（　　） soy beans.
- (5) ア Jiro （　　）（　　） watch soccer games.
  - イ Jiro is fond （　　）（　　） soccer games.

5 次の英文と日本文の条件に合うように，それぞれ英文を 1 つずつ作りなさい。

- (1) You are planning to join an activity held on next Sunday. You want to know how much you need to pay for it. How do you ask someone?
- (2) 明日もし何も予定がなければ，映画を見に行こうと友達を誘うとき。

出 題 の 分 類

① 長文読解　　　④ 同意文書き換え

② 長文・資料読解　⑤ 条件英作文

③ 正誤問題

▶解 答・解 説 は P.116

時　間：50分
目標点数：80点

1回目	╱100
2回目	╱100
3回目	╱100

① 次のベジタリアン(vegetarian)に関する英文を読んで，あとの各問いに答えなさい。

　The number of vegetarians has increased in many countries around the world. A vegetarian is a person who does not eat any meat or fish. People become vegetarians for a number of different reasons. Some people decide to be vegetarians for health reasons. Other people become vegetarians because of their interest in animals.

　"Vegans" are the strictest type of vegetarians. Vegans not only do not eat meat or fish, but they also do not take milk or （　1　）*dairy products such as cheese, butter, or eggs. Some vegans also refuse to wear any clothes or use any accessories that were made from animal skin or hair.

　Some vegans and vegetarians eat only *raw food. This means that they do not cook vegetables or other foods (2)that they eat. There are even some vegetarians who only eat fruit. Such people are called "fruitarians."

　Another type is called "*lacto-vegetarianism."

（3）

　ア．Some people decide to choose this style of eating in order to get enough calcium.

　イ．Some people that don't eat meat still continue to eat fish and other kinds of seafood.

　ウ．People who do not eat meat or fish but eat dairy products and eggs are called "*lacto-ovo-vegetarians."

　エ．This means that a person doesn't eat meat, fish, or eggs, but still eats dairy products.

These people are called "*pescatarians." They also usually eat dairy products and eggs, （　4　） the pescatarian diet is the easiest among vegetarians. In fact, some vegetarians do not think that pescatarians are true vegetarians.

　People who are more flexible than pescatarians are called "flexitarians." They are not vegetarians all of the time. They sometimes eat meat or fish, but usually they follow the lacto-ovo-vegetarian diet. Most vegans and other strict vegetarians do not think of flexitarians （　5　） vegetarians.

For a person interested in becoming a vegetarian, there are all of these choices. Some people start as flexitarians or pescatarians, and then slowly move toward a stricter diet. But choosing *a certain diet is based on a person's goal. People who are interested in animal rights may want to become vegans or fruitarians. But a person who simply wants to eat healthy food may choose a type of vegetarian diet with fewer rules. In other cases, people decide that it is necessary to continue eating some meat in order to (6   ).

People are lucky today that they have so many choices about what kind of food they can eat. Each person is now free to be a vegetarian or not. And if they become vegetarians, they are also able to choose what kind of vegetarian they want to be.

(注) dairy product 乳製品   raw 生の   lacto- 乳類摂取の

　　　lacto-ovo- 乳卵摂取の   pescatarian 魚菜食主義者   a certain ～ ある～

□ 問 1 空所 (1) に入れるのに最も適切なものを次のうちから選び，番号で答えなさい。

① another   ② a little   ③ much   ④ other

□ 問 2 下線部 (2) の that と同じ用法のものを次のうちから 1 つ選び，番号で答えなさい。

① She told us that she stayed with her aunt.

② They are surprised at the news that we heard yesterday.

③ The big cat that is running after a dog is mine.

④ We were so tired that we went to bed early.

□ 問 3 | (3) | 内のア〜エの文を文脈が通るように並べ換えたとき，順番として最も適切なものを次のうちから選び，番号で答えなさい。

① エ－ウ－イ－ア   ② ウ－ア－エ－イ

③ エ－ア－ウ－イ   ④ イ－エ－ウ－ア

□ 問 4 空所 (4) に入れるのに最も適切なものを次のうちから選び，番号で答えなさい。

① if   ② when   ③ but   ④ so

□ 問 5 空所 (5) に入れるのに最も適切なものを次のうちから選び，番号で答えなさい。

① for   ② to   ③ as   ④ on

□ 問 6 空所 (6) に入れるのに最も適切なものを次のうちから選び，番号で答えなさい。

① be strong and healthy   ② become true vegetarians

③ move toward a stricter diet   ④ follow the vegetarian diet

□　問 7　本文の内容に合うものを次のうちから 1 つ選び，番号で答えなさい。

① Vegetarians who eat dairy products are called "vegans."

② Most people think "fruitarians" are not really vegetarians.

③ One reason to choose a "lacto-vegetarian" diet is to get enough calcium.

④ Pescatarians are the strictest type of vegetarians.

問 8　本文の内容について，(1)，(2)の質問に対する答えとして最も適切なものを次の
うちからそれぞれ選び，番号で答えなさい。

□　(1)　What is one thing some vegans don't do?

① Eat only fruits.

② Use products made from animals.

③ Use any accessories.

④ Make their own food.

□　(2)　Why are people lucky today?

① Because there are more types of vegetables to eat.

② Because they have more choices of eating meat.

③ Because there are more types of diets to lose weight.

④ Because they have more choices than before.

2　次の A「学校掲示板の掲示物」，B「A を見た 3 人によるオンラインチャット」を読んで，あとの各問いに答えなさい。

A

Volunteers Wanted

Volunteers are needed for the Heartville Park Festival. The festival will be held from August 28th to 30th in Heartville City.

Volunteers will work for three hours on the first morning or the last evening. Working time: August 28th, 7am-10am / August 30th, 5pm-8pm.

All volunteers will get a 'volunteer card'. If you put this special card in the drinks machines in the park, you can get free drinks. This card can be used only on the second day of the festival. We will send it to your home a week before the festival.

Date	Working Area	Jobs
28th	Car Park	Guide cars and bicycles in and out. Volunteers in this area must be over 18 years old.
28th	Main Entrance	Collect tickets from customers and write the date on the back of their hand.
28th	Cafeteria	Make food and drinks for volunteers after they finish their work.
28th	Cleaning Office	Clean around the festival place.
30th	Car Park	(the same as the 28th)
30th	Main Entrance	Check the total number of tickets collected. Report the number to the festival office.
30th	Cafeteria	(the same as the 28th)
30th	Cleaning Office	Put the plastic into blue bags and food and paper into red bags.

If you're interested in this and want to have fun doing it, visit our website at www.heartvilleparkfes.com. Give us your information and choose two working areas. If you have any questions, call our office at 678-543-xxx. See you at the festival!

B

August 10th, Wed.

KATE [10:35am]

> Jack, volunteer work at the festival sounds interesting. Do you want to do it with me?

JACK [10:38am]

> Hi, Kate. I thought you and I were going to the beach that weekend.

Hiroko [10:40am]

> I visited their website and decided to join. What area do you want to work at, Kate?

KATE [10:41am]

> The Main Entrance. I wanted to work at the car park, but I won't be able to do that because I'm too young. What about you, Hiroko?

Hiroko [10:45am]

> The e-mail I received from them yesterday says that I will work in the cleaning office on the last day. I called the office just now because I wanted to change my working date, but they said all the work on the first day is full.

KATE [10:46am]

> Well, my second choice will be different from the one you chose. We can share our experience after the festival.

Hiroko [10:50am]

> Good idea.

JACK [10:55am]

> Hey, girls, wait! I changed my mind. Let me in!

☐ (1) How many days will the Heartville Park Festival continue? Choose the best from ア to エ.

   ア One day.   イ Two days.   ウ Three days.   エ Four days.

☐ (2) Which is true about the special card that volunteers will get? Choose the best from ア to エ.

   ア All the volunteers must buy the card.

   イ Volunteers can use the drinks machine without paying money for one day during the festival.

   ウ If volunteers use the card, they can get food to eat.

   エ Volunteers can get it on August 29th.

☐ (3) Which is NOT true about volunteers who will work at the festival? Choose the best from ア to エ.

   ア Volunteers will not work on the second day.

   イ Volunteers working at the car park should be over 18 years.

   ウ Volunteers working at the main entrance will put a mark on the customers.

   エ Volunteers can join if they call the festival office.

☐ (4) What does Jack probably mean when he says "Let me in!" at the end? Choose the best from ア to エ.

   ア Jack wants to join Kate and Hiroko.

   イ Jack wants to enter the festival as a customer.

   ウ Jack isn't interested in volunteer work at the festival.

   エ Jack is interested in going to the beach.

☐ (5) What will Kate write after she decided to join? Write words or numbers in ア, イ and ウ.

Information

Name : Kate Glover   Age : 16

Address : 1-23, Bexhill town, Heartvilles

E-mail address : happykate527@nmail.com

Working Area / Date
   1st Choice: _____ ア ____ / ____ ウ _____
   2nd Choice: _____ イ ____ / ____ ウ _____

3　次の各英文の下線部ア〜エの中で，誤りのあるものを 1 つ選び，記号で答えなさい。ただし，誤りのない場合はオと書きなさい。

□ (1)　Keep ァ in mind that you ィ have to drive your car ゥ much more careful than usual ェ when it rains.

□ (2)　He was ァ laughed by everyone because he ィ fell into ゥ a hole which he had dug ェ himself.

□ (3)　ァ Sometimes we ィ have the dinner at an Italian restaurant ゥ in the city ェ before going home.

□ (4)　ァ Recently, ィ the number of ゥ cars made in Korea ェ has been increasing.

□ (5)　ァ Everyone knows that we must stop and ィ wait until the traffic light is red, ゥ and may go ェ when the light turns green.

4　次の各組の英文がほぼ同じ意味になるように，（　　）に適切な語を入れなさい。

□ (1)　{ No other boy in his class swims as fast as Tom.
　　　　 Tom is the (　　) (　　) of all the boys in his class.

□ (2)　{ I got angry when I received a letter from him.
　　　　 His letter (　　) (　　) angry.

□ (3)　{ Did you try horse riding while you stayed in Texas?
　　　　 Did you try horse riding (　　) your (　　) in Texas?

□ (4)　{ Mr. Mori moved to a new house five years ago and he still lives there.
　　　　 (　　) (　　) (　　) passed since Mr. Mori moved to a new house.

5 あなたが次のような状況にいるとき，どう表現しますか。「主語」と「動詞」のある英語 1 文で答えなさい。

☐ (1) 今日は何曜日か尋ねるとき。

☐ (2) この町の公園の数を尋ねるとき。

出題の分類

① 長文読解　　④ 語句補充
② 正誤問題　　⑤ 同意語句
③ 語彙

▶解答・解説は P.122

時　　間：50分
目標点数：80点

1回目　／100
2回目　／100
3回目　／100

① 次の英文を読んで，あとの各問いに答えなさい。

Not long ago, many parents wondered at what age they should give their children the car keys. Nowadays, parents face a difficult question. At what age should a child have a smartphone?

The topic is often heard when children get smartphones at an ever younger age. On average, children are getting their first smartphones around age 10, according to the research company Influence Central, down from age 12 in 2012. Some children start having smartphones sooner — including second year students as young as 7, according to Internet safety experts.

Common Sense Media, a *nonprofit organization, advises more strict rules. They say children should get smartphones only when they start high school — after they have learned self-control and the value of face-to-face communication.

Common Sense Media also researched 1,240 parents and children and found 50 percent of the children said that they could not live without their smartphones. It also found that 66 percent of parents felt their children used smartphones too much, and 52 percent of children agreed. About 36 percent of parents said they *argued with their children daily about phone use.

So how do you determine the right time? Taking away smartphones from children will not please smartphone makers. ［ A ］ Some experts said 12 was the right age, while others said 14. All agreed later was safer because smartphones can be a habit that takes away time for schoolwork and causes problems of *bullying or child *abuse.

There is also human health to think about. The *prefrontal cortex, a part of the brain that controls *impulse, continues to develop till people become around 25 years old. （　1　） parents should not be surprised if younger children with smartphones cannot control themselves.

Smartphones surely bring benefits. With the phones, children can get powerful *apps, including education tools for studying, chat apps for connecting with friends and a lot of information on the web.

（　2　）, they are also one step closer to bad games, violent apps and *social media apps, and there, children are often bullied. Even older children are not safe. Last year, at least 100 students at a Colorado high school were caught because they traded unpleasant pictures of themselves on their mobile phones.

Ms. Weinberger, who wrote a smartphone and Internet safety book, said, "In the end, such bad points are stronger than the good points. If you don't give smartphones to children, they still have a chance to use computers and *tablets. The main difference with a smartphone is that it is with a child everywhere, including places outside of parents' control."

There are some phone *settings that can help keep children safe when they get smartphones. *Apple has a lot of *functions that allow parents to control their children's phones. (3), it can cut adult content and stop children using phone data and so on.

*Android phones don't have similar *built-in parents' control settings, (4) there are many apps in the Google Play app store that let parents add *restrictions. Ms. Weinberger picked up the app Qustodio, which lets parents watch their children's text messages, stop apps at certain times of day or even shut off smartphones from another place. While that is a very strict way to control children's smartphones, Ms. Weinberger said her job as a parent was not to make her children like her. She said, "My only job as a parent is to prepare you for the day you leave. So, I have to keep you safe, and you're not going to like some of the things I say — and B "

(出典：The New York Times 2016, Revised)

（注）nonprofit organization　非営利組織　　argue　口げんかする　　bullying　いじめ　　abuse　虐待

prefrontal cortex　前頭葉　　impulse　衝動　　apps　アプリ　　social media　ソーシャルメディア

tablets　タブレット型端末　　settings　設定　　Apple　携帯電話規格のひとつ　　functions　機能

Android　携帯電話規格のひとつ　　built-in　（機械等に）組み込まれた　　restrictions　制限

問１　次の質問に適する答えをそれぞれ１つずつ選び，記号で答えなさい。

☐　(1)　Which is true about the relationship between age and smartphones?

ア　Few children are getting smartphones right after their 10th birthday.

イ　The age when children get their smartphones is getting younger these days.

ウ　At the age of 12, children are allowed to have their first smartphones in many countries.

エ　Parents ought to buy a smartphone for a seven-year-old child.

オ　66% of parents still don't know when to give their children smartphones.

☐　(2)　Which is true about the good points of a smartphone?

ア　A smartphone can give children a world full of information and communication tools.

イ　A smartphone can improve school grades of any users.

ウ　A smartphone can make your health better by powerful apps.

　　　エ　A smartphone can help children develop logical thinking skills.

　　　オ　A smartphone can save children from the problems often found in school.

□　(3)　What does Common Sense Media say in this article?

　　　ア　More than half of the researched parents say that they usually talk with their children about how to use their smartphones.

　　　イ　Less than half of the researched children think that they use their smartphones too much.

　　　ウ　Most of the children say they can not imagine life without smartphones.

　　　エ　High school children should get smartphones after they know the benefit of talking directly in person.

　　　オ　High school students shouldn't get smartphones because they don't know how to control themselves.

□　(4)　What does Ms. Weinberger want to say?

　　　ア　She wants to help her child to grow fast and to leave the house.

　　　イ　Children should get smartphones because their parents can keep them safe.

　　　ウ　Smartphone makers should make more apps so that parents can control their children's smartphones.

　　　エ　She doesn't like to limit her child's smartphone functions and apps.

　　　オ　Smartphones are sometimes less safe than computers and tablets.

□　(5)　Which is the best title for this article?

　　　ア　The Value of Face-to-Face Communication

　　　イ　How to Use Parents' Control Settings

　　　ウ　The Advantages of Children's Use of Smartphones

　　　エ　The Effects of Smartphones on Our Brains

　　　オ　Right Ages for Children to Get Smartphones

□　問2　第5段落中の A にあてはまるものを次のうちから1つ選び，記号で答えなさい。

　　　ア　The later you give your children smartphones, the unhappier children become.

　　　イ　The sooner you give your children smartphones, the happier children become.

　　　ウ　The longer you wait to give your children smartphones, the worse.

　　　エ　The longer you wait to give your children smartphones, the better.

□　問3　文中の(1)から(4)のそれぞれにあてはまる英語の組み合わせを次のうちから1つ選び，記号で答えなさい。ただし，文頭にくる語も小文字で示してある。

ア　(1)　though　　　(2)　for example　　(3)　however
　　(4)　that's why

イ　(1)　for example　(2)　though　　　(3)　that's why
　　(4)　however

ウ　(1)　that's why　　(2)　however　　　(3)　for example
　　(4)　though

エ　(1)　though　　　(2)　that's why　　(3)　however
　　(4)　for example

□　問4　文章末の　B　にあてはまるものを次のうちから1つ選び，記号で答えなさい。

　　ア　that's not good.　　　　イ　that's O.K.
　　ウ　that's unbelievable.　　エ　that's not comfortable.

□　問5　以下の内容について，自分自身の意見を具体例や理由を交えて **40語以内**の英語で書きなさい。

　「あなたは現在スマートフォンを持っていません。スマートフォンを買ってもらうために，あなたなら保護者をどのように説得しますか。」

2　(1)〜(3)は1つのまとまった話である。それぞれから文法的に誤りのある文を選び，番号で答えなさい。

□　(1)　Many, many years after the death of Noah, everyone in the world spoke one language. The people lived in a very nice place. There was clean water and rich soil. Families grew and many people lived in this beautiful place.

　　①The people learned how to make bricks from the earth. ②They used fire to make it. ③When the bricks were cool, they were very hard. ④The people built their houses with these bricks.

　　⑤Then they said. "We can make big things with bricks. Let's build a city and a tall tower. The top of this tower will touch heaven." This city was called Babel.

□　(2)　The people worked hard on the tower. Day after day, they put more and more big bricks in the tower. "This tower is getting bigger," said one man. After a while, it was high in the clouds.

　　①The people were proud of the tall tower. "We are great," they said. ②"We can do the same things as God."

　　Then God came down to the city from heaven. ③He came to see the tower build by the men. The tower was very tall. It almost touched heaven. God became worried.

　　④The people had one language, so they could do many things together. They were one people. ⑤They could make plans quickly and easily. God said to the angels, "Since they have one language, they will be able to do anything. They will become like us."

The people were too proud. This overconfidence was their mistake.

☐ (3) ①God had an idea to stop them. He said, "I will confuse their language, and they will not understand one another."

Suddenly, they started to speak different languages. "What are you saying?" said one man to the person next to him. "I can't understand you!" Everyone in the city experienced the same thing. ②No one could understand their neighbors anymore.

③The people in Babel could not continue to build the tower together. ④So the city and the tower of Babel were never finished.

The people lived in different places in the world. ⑤Since then, there were many, many languages in the world.

3　次の英語による説明に相当し，与えられた文字で始まる単語を書きなさい。ただし，与えられた文字も含めて記入すること。

（例）　to think that something is true (b e l i e v e)

☐ (1)　a very young child who has not yet learned to speak or walk (b _ _ _)

☐ (2)　to go or come back to a place where you were before (r _ _ _ _ _)

☐ (3)　to find someone or something, either by accident or because you were looking for them (d _ _ _ _ _ _ _)

☐ (4)　not correct or not true (w _ _ _ _)

☐ (5)　soft white pieces of frozen water that fall like rain (s _ _ _)

☐ (6)　not in danger of being harmed, lost, or stolen (s _ _ _)

☐ (7)　a piece of cloth with a picture that shows a country or organization (f _ _ _)

☐ (8)　the same in size, number, amount, value as something else (e _ _ _ _)

☐ (9)　a very tall plant that has branches and leaves, and lives for many years (t _ _ _)

☐ (10)　to give someone money for something you buy or for a service (p _ _)

4 次の(a)(b)の空所に共通して入る1語を書きなさい。ただし，(　　)内に記された文字で始めること。

☐ (1) (a) Nancy said she would be back (r-　　) now.
　　(b) Is this the (r-　　) train for Shibuya?

☐ (2) (a) We express our thoughts (b-　　) means of language.
　　(b) Please remember I'll stand (b-　　) you whatever happens.

☐ (3) (a) Tom is not (u-　　) to speaking in front of a big audience.
　　(b) I often buy (u-　　) books because they are cheap.

☐ (4) (a) Lucy is (r-　　) a big commercial company.
　　(b) We need to keep the machine (r-　　).

☐ (5) (a) You have to wait (a-　　) few weeks to borrow this book at the library.
　　(b) I don't like this coat. Show me (a-　　).

5 下線部の意味とほぼ同じものを次のうちからそれぞれ1つずつ選び，記号で答えなさい。

☐ (1) It is hard to shake off an old habit.
　　ア get into　　イ get out of　　ウ get up　　エ get off

☐ (2) The shoes are still stylish, and as a matter of fact, I'm wearing a pair now.
　　ア as a result　　　　　イ at first
　　ウ however　　　　　　エ to tell the truth

☐ (3) Nancy is angry. You should keep out of her way.
　　ア stay away from her　　イ speak to her
　　ウ go close to her　　　　エ lead her way

☐ (4) He turned a deaf ear to our request for help.
　　ア reused　　イ reduced　　ウ returned　　エ refused

☐ (5) She is better than anyone else in swimming.
　　ア first of all　　イ good at　　ウ second to none　　エ best student

出 題 の 分 類

① 長文読解   ④ 同意文書き換え

② 長文読解   ⑤ 条件英作文

③ 語句補充

時　間：50分
目標点数：80点

▶ 解 答・解 説 は P.127

1回目	／100
2回目	／100
3回目	／100

①　次の英文を読んで，あとの各問いに答えなさい。

Driverless electric cars are being road-tested in American cities. Giant computer and software companies and famous car makers have put millions of dollars into research. They all want to be the first to sell their driverless electric cars to the public.

Magazine and newspaper stories have been telling people how wonderful the new cars will be. The cars will save the environment, stop accidents, and change the way we *commute and shop. Will driverless electric cars be on roads in five years, as one car company claims? Why are people and governments so excited about computer-controlled electric *vehicles? One excellent reason is (　A　).

Over 35,000 people die in traffic accidents a year in America, and millions more are injured. Most of those accidents are caused by *reckless, *distracted drivers. There is a great need for technological solutions to build safer cars and to find ways to make drivers more responsible.

While some accidents are caused by (　B　), most are caused by (　C　). Drivers drink, use drugs, text, and drive when they're too tired. Anything that *takes a driver's attention off the road on a freeway can be deadly. Even excellent drivers become too confident and make mistakes. One solution is to have computers control cars. Computers will never be distracted, overconfident, or be too tired to drive.

Fewer accidents would mean billions of dollars would be saved on health and car *insurance and hospital costs. Public transportation problems would be solved because people would go to work in safe, driverless cars. Disabled people would never have to worry about taking trains and buses if electric cars picked the disabled people up at their homes. Electric sensors would let many cars drive in close groups. This will solve traffic problems on freeways. There would be no need for parking lots. This would get rid of the millions of cars that are parked every day doing nothing for hours. There will be no problem with senior citizens becoming too old to drive because everyone, children too young to drive and people too old to drive responsibly, will take driverless cars everywhere. With fewer accidents or dangerous drivers to worry about, the police will be able to solve serious crimes. Sitting in a driverless car will give people many free hours to work, talk, sleep, or enjoy the view.

Taking tens of millions of gas-powered cars off the roads will *benefit the environment. There will still be a need for gasoline engines, but the pollution going into the environment daily from all the cars will disappear. There are many more possible benefits that we are told will come with driverless electric cars. There are many possible problems too.

Hacking is a big problem. What could smart hackers do to millions of computer-controlled cars? Hackers would know where we live, when we leave home, when we come home, and where we are going. Hackers could take control of cars, causing accidents or traffic jams. Passengers (there would be no more drivers) would be unable to *regain control of vehicles. It would even be possible for terrorists to *load a driverless car with *explosives and program it to go anywhere they wanted. How many people would want to get into a car that they would have no way of changing its direction or destination?

Anyone who owns a computer knows that computers *crash. However, when your laptop crashes, you don't go off a bridge or into a tree. When your tablet or laptop breaks, you take it in to be fixed or buy a new one. Will you be able to call someone to fix the computer in your car? Will the car's computer fail when it's going down the highway?

Will driverless electric cars mean there won't be any more accidents? Of course not. When there is an accident, and people are hurt or *property is damaged, who will be responsible? The company that made the car? The company that made the software? The passenger? Will the computer be able to make a life-and-death decision of choosing to take your family into a lake or hit the group of school children crossing the road in front of you? How will the computer make instant important decisions?

Will the cars be able to operate in all kinds of weather, or will bad weather affect the car's sensors?

These are just a few of the questions that people should be asking before they accept driverless electric cars as part of our future. Before this idea will work, millions of people must want it to happen. Just because the technology exists, or almost exists, it doesn't mean that the technology will benefit society. Many more questions need to be answered.

(注) commute 通勤・通学する　　vehicle 乗りもの　　reckless 無謀な　　distracted 気の散った

take ~ off … …から~をそらす, 無くす　　insurance 保険　　benefit ~に恩恵を与える

regain ~を取り戻す　　load ~ with … ~に…を積む　　explosive 爆発物

crash 故障する　　property 所有物

□　問 1　アメリカの現状の記述として，最も適切なものを次のうちから選び，記号で答えなさい。

　　ア　自動運転電気自動車の試運転は，自動車メーカー以外にもコンピュータソフトウェア企業や大手運輸会社においても実施されている。

　　イ　各企業は自動運転電気自動車における売り上げ第 1 位を目指しているので，完成時期を早めることよりも完成度を高めることを重視している。

　　ウ　5 年後には自動運転電気自動車が実用化されるようにと，ある自動車メーカーは顧客から催促されている。

　　エ　交通事故の原因の多くは，安全性に欠けた自動車にあるというよりも，運転手の不注意や過信にある。

□　問 2　英文の空所 (A) ～ (C) に入れるのに，最も適切なものの組み合わせを次のうちから選び，記号で答えなさい。

　　ア　A：safe　　　B：bad drivers　　　C：unsafe cars

　　イ　A：safety　　B：bad drivers　　　C：unsafe cars

　　ウ　A：safety　　B：unsafe cars　　　C：bad drivers

　　エ　A：safe　　　B：unsafe cars　　　C：bad drivers

□　問 3　交通事故を減らすために自動運転電気自動車の開発以外に必要なこととして，最も適切なものを次のうちから選び，記号で答えなさい。

　　ア　自動車保険料や治療費の値上げ。

　　イ　運転手に責任感を持たせる方法の発見。

　　ウ　交通事故における加害者への罰則の強化。

　　エ　信号機や横断歩道，自転車専用道路の増設。

□　問 4　自動運転電気自動車に搭載されているセンサーにより可能になることとして，適切でないものを次のうちから選び，記号で答えなさい。

　　ア　運転技術が不要になるので，お年寄りや子供であっても一人で移動することができる。

　　イ　障がいのある人でも，わざわざバスや電車に乗るために移動するといった危険を回避できる。

　　ウ　車を近所の人と共有できるので，駐車場を減らすことができる。

　　エ　危険運転や交通事故が減り，警察が他の事件に注力できる。

□　問 5　自動運転電気自動車とハッキングの関係において，最も適切なものを次のうちから選び，記号で答えなさい。

　　ア　ハッカーは容易に車を制御下に置けるので，爆発物を用いずとも爆発させることができる。

　　イ　ハッキングにより，プログラムされていた目的地が変更されても，多くの人は何もできない。

　　ウ　車のコンピュータと家庭のパソコンがつながっているので，両方同時にハッ
　　　　キングされてしまう。
　　エ　有能なハッカーでも，一度に車を何百万台も制御できないので，交通渋滞を
　　　　引き起こすのは難しい。

□　問6　自動運転電気自動車の問題として，<u>適切でないもの</u>を次のうちから選び，記
　　　号で答えなさい。
　　ア　子供でも目的地を設定できてしまう点。
　　イ　生死を分けるような瞬時の判断を，コンピュータに任せても良いのかという点。
　　ウ　事故が起きたときの責任の所在が明確ではない点。
　　エ　悪天候によって，車のセンサーが影響を受けてしまう可能性を否定できない点。

2　次の英文を読んで，あとの各問いに答えなさい。

　Long ago, people did not use money. How did they get the things they wanted? They gave things to others and got the things they wanted. For example, salt was very important to people because they used it to keep food *fresh. Of course, the food tasted better with salt. People *traded salt for other things they needed, like shoes, tools, and food. This kind of trading is called 'bartering.'

　Bartering does not always work well. People need (A) things at (B) times. For example, if a shoe maker wants some rice, he can visit a rice farmer. But the rice farmer may not need new shoes. If the rice farmer does not want new shoes, then the shoe maker cannot get the thing he needs.

　Later, people stopped bartering and started using beautiful things for trade. They are called proto-money. Proto means 'earliest,' so it was the earliest kind of money. Some examples of proto-money are *shells, animal *skins and *metal. For example, the *Native Americans used a kind of shell as money. They called it 'wampum.' They wore the wampum around their necks. Another popular shell was the *cowrie shell. The cowrie shells came from *the Indian Ocean and were white and very beautiful. They were used as money in many countries, from China to Africa.

　The *Egyptians used gold and *silver as money. And then, some countries started making metal coins. The first metal coins were made in *Turkey almost three thousand years ago. They used special tools to make pictures on the metal. Later, people started using coins in Africa and Europe. Soon coins became the most popular kind of money in the world.

　At first, coins had pictures of animals and plants on them. *Alexander the Great was the first person to have his face on a coin. Alexander the Great lived more than two thousand years ago in *Macedonia. He was a *king who fought and won many *battles. His coins were used by everyone in Macedonia.

The problem with coins was that they were not light enough to carry for a long time. The Chinese first started using paper money more than one thousand years ago. Paper money was easier to carry than coins because it was lighter. Much later, Europe started to use paper money, too. If the money became too dirty, they could trade their old money for new money. They could also trade their paper money for gold or silver.

Today, we still have paper money and coins, but many people also use *credit cards to buy things. When you use a credit card at stores, the card company pays the money instead, and you have to pay it back at the end of the month. Because it is very easy to spend money with credit cards, some people spend too much money and cannot pay it back. People who use paper money and coins spend less.

Money has changed a lot since the early days of bartering. Already, in some countries, you can buy things with your smart phones. What do you think will happen to money in the future? Do you think people in the future will still use paper money and coins?

(注)　fresh　新鮮な　　trade　取引する, 取引　　shell　貝殻　　skin　皮　　metal　金属

Native American　アメリカ先住民　　cowrie　コヤス貝　　the Indian Ocean　インド洋

Egyptian　エジプト人　　silver　銀　　Turkey　トルコ

Alexander the Great　アレクサンダー大王　　Macedonia　マケドニア王国　　king　王様

battle　戦い　　credit card　クレジットカード

☐　問1　本文中の (A), (B) に入る最も適切な語の組み合わせを次のうちから選び, 番号で答えなさい。

　　1　A：the same　　B：different　　2　A：different　　B：the same

　　3　A：the same　　B：the same　　4　A：different　　B：different

☐　問2　次の英文のうち, <u>本文の内容と一致する文の数を算用数字</u>で答えなさい。一致する文がない場合は, 0 と答えること。

　　1　The person who used coins first was Alexander the Great.

　　2　Chinese people started using the cowrie shells as money about one thousand years ago.

　　3　People who use credit cards sometimes spend too much money.

　　4　People today like using gold and silver coins the most.

　　5　'Wampum' was the first money people used in Africa.

　　6　Salt was so important to people long ago that they could always trade it for other food.

　　7　In the old days, people used animal skins and shells to get the things they wanted.

□ 問3　本文の内容を次のようにまとめた。(1) ～ (4) にはそれぞれ英語が 1 語ずつ
　　　入る。本文の内容に合うように，最も適切な 1 語を答えなさい(それ以外の空所
　　　には複数の語が入ることもある)。

　　　(要約文)

　　　　A long time ago, people didn't have (　　) and they *exchanged things with
　　　other people; it is called (　　). (　　) began using money made of (1).
　　　Their money looked like *necklaces. Later, people in Turkey made (　　) and
　　　there were some (2) on them. Chinese people first made (　　) because
　　　coins had a problem. Then, (　　) started using this kind of money.

　　　　Money we use today is (3) from the old money. If you have credit cards,
　　　you can do shopping (4) paper money or coins. In some countries, smart
　　　phones are used when people buy things. Money may change in the future.

　　　　(注)　exchange　交換する　　　necklace　ネックレス

□ 問4　要約文の下線部について，下の質問に対する答えを本文の内容から考え，次
　　　の書き出しに続けて完成させなさい。ただし，5 語以上の英語で，too を必ず使
　　　うこと。書き出しの語は語数には含めない。

　　　Q：What was the problem with the coins?
　　　A：They were ⬚.

3 次の文の(　　)内に入る最も適切な語(句)を 1 つ選び, 記号で答えなさい。

☐ (1) There (　　) a white car in front of the school gate since last week.
　　ア　is　　　　　　イ　has been　　　ウ　have been　　　エ　was

☐ (2) We all like watching soccer but one of my friends (　　) play it.
　　ア　don't　　　　イ　has　　　　　ウ　doesn't　　　　エ　do

☐ (3) What can you (　　) about yourself?
　　ア　say　　　　　イ　tell　　　　　ウ　speak　　　　　エ　talk

☐ (4) Tom (　　) when his father comes back.
　　ア　left　　　　　イ　will leave　　ウ　has left　　　　エ　leave

☐ (5) That is all I have to say. I have (　　) else to say.
　　ア　something　　イ　anything　　　ウ　nothing　　　　エ　everything

☐ (6) I'll never forget (　　) that UFO last night.
　　ア　to see　　　　イ　seeing　　　　ウ　that I see　　　エ　that I have seen

☐ (7) I'll give (　　) on your birthday.
　　ア　a book you　　イ　you with a book
　　ウ　you a book　　エ　a book for you

☐ (8) Tell me a word (　　) with X.
　　ア　begin　　　　イ　begins　　　　ウ　begun　　　　　エ　beginning

☐ (9) He lost his wallet and there is (　　) hope of finding it.
　　ア　little　　　　イ　many　　　　　ウ　few　　　　　　エ　lots

☐ (10) You should leave home (　　) to catch the first train.
　　ア　faster　　　　イ　earlier　　　　ウ　quicker　　　　エ　sooner

4 次の各組の文がほぼ同じ意味になるように, (　　) 内に適語を入れなさい。

☐ (1) { Can I open the window?
　　　　{ Do you mind (　　) (　　) open the window?

☐ (2) { Do you know how to use the computer?
　　　　{ Do you know the (　　) (　　) using the computer?

☐ (3) { We were not able to have our school festival because of the typhoon.
　　　　{ The typhoon (　　) (　　) impossible (　　) us to have our school festival.

☐ (4) { I am against your idea.
　　　　{ I (　　) (　　) to your idea.

5　次の指示に従って英語で文章を書きなさい。

□　以下の 3 つのテーマの中から 1 つ選び，賛成か反対の立場を明確にして，その理由を述べなさい。その際，以下の 2 つの条件を満たすこと。ただし，総語数 30 語以上 40 語以内で書きなさい。

　　①　I agree または I disagree から書き始めること。

　　②　選んだテーマの記号を解答用紙の所定位置に書き入れること。

テーマ：A　人工知能 (Artificial Intelligence) を積極的に導入すべきだ。

　　　　B　小学校 1 年生から英語教育を導入すべきだ。

　　　　C　高校生は部活動 (club activity) に必ず参加すべきだ。

〈注意〉　解答用紙の 1 マスに 1 単語を入れること。短縮形は 1 単語と数える。ピリオドやコンマ，クエスチョンマークは 1 単語としては数えないので，次のように単語の後ろにつける。

| She'll | be | here | soon. |

解　答

1 問1 ア　問2 ウ　問3 エ　問4 イ　問5 ア　問6 エ
　問7 イ　問8 イ

2 問1 ⑤　問2 ①　問3 ④　問4 ①　問5 ⑤

3 問1 1 ア　2 イ　問2 3 カ　4 ウ　問3 5 イ　6 ウ
　問4 7 イ　8 ウ　問5 9 ア　10 イ

4 (1) ①　(2) ③　(3) ①　(4) ③　(5) ②　(6) ③

5 (1) ウ　(2) イ　(3) ア

6 (1) エ　(2) エ　(3) ア

配点　1 問4・問7・問8 各5点×3　　他 各4点×5
　　　2 各4点×5　3 各3点×5（各完答）
　　　4 各3点×6　5 各2点×3
　　　6 各2点×3　計100点

解　説

1 （長文読解（物語文）：語句補充，語句解釈，語句整序，指示語，内容吟味）

（全訳）

　客室乗務員は微笑んだ。「ご搭乗ありがとうございます。新聞はいかがですか？」

　「お願いします」　カールは新聞を手に取り，チケットを見た。「私の席は5Fです。どこでしょう？」

　「飛行機の前方です。そこの左側です。窓際です」

　「わかりました。ありがとう」　カールはその客室乗務員に微笑み返した。彼女は若くてかわいかった。ちょうど私の娘のようだな，と彼は思った。

　彼は席の下にカバンを置き，座った。友人のハラルドが彼の横に座った。彼らは他の乗客たちが機内に乗り込むのを見ていた。ハラルドは腕時計を見た。

　「午後9時半です」　彼は言った。「よし。時間通りです」

　カールは同意した。「3時間①したら家にいるだろう」と彼は言った。「よかった。私たちは長いこと家から離れていたからな。君は家族に会えてうれしいだろうね，ハラルド」

　ハラルドは微笑んだ。「ええ。これをご覧になったことがありますか？」　彼はカバンを開け，2つの小さな飛行機を取り出した。「息子たちのためのものです。私は彼らのためにいつも何かを持って帰るんですよ」

　「息子さんたちは何歳だい？」　カールは尋ねた。

「5歳ともうすぐ7歳です。上の子は明日が誕生日なんです」

「それなら今夜，彼はとてもワクワクするだろうね」

「ええ。寝てくれるといいですけれど」

飛行機が②<u>離陸した</u>。カールは眼下で空港の光が小さくなっていくのを見つめた。そして飛行機は雲の上を飛行し，夜空の月と星が見えた。彼はシートにもたれかかり，目を閉じた。

＊　＊　＊

その後，彼は目覚めた。ハラルドは寝ていた。カールは腕時計を見た。真夜中だった。彼は客室乗務員を呼んだ。

「すみません。何時に着きますか？」

「現地時刻で午後11時半です。いまからおよそ30分後です」

「ありがとう」　③<u>カールは腕時計の時刻を変えた。</u>

「他に何かございますか？」

「いえ，大丈夫です。ああ，待ってください。コーヒーをもらえますか？」

「かしこまりました」　彼は彼女がコーヒーを持ってくるのを見つめた。「彼女は歩き方も私の娘に似ている」と彼は思った。「それに彼女はとても若い。何をすべきかわからなくて不安そうだ」

「どのくらい客室乗務員をしているんですか？」　彼は尋ねた。

彼女は微笑んで言った。「④-a<u>3か月です</u>」

「④-b<u>この仕事は好きですか？</u>」

「④-c<u>はい，大好きです。とてもワクワクします</u>」　彼女はびくびくした様子で微笑んだ。「④-d<u>以上でよろしいでしょうか？</u>」

「はい，ありがとう」

「フライトをお楽しみください」

彼はコーヒーを飲み，新聞を読み始めた。ハラルドが目を覚ましたとき，カールは新聞のページを見せた。

「見ろよ。君が写っているよ」と彼は言った。彼は1枚の写真を指さした。写真の真ん中にはカール自身が立っていた。白髪交じりの頭の，背が低くてやせた男で，スーツを着ていた。彼の後ろの左側にハラルドがいた。アスリートのような，背が高くて強い，若い男だ。2人とも微笑んでいた。「君と僕だ。大使館の外だな」とカールが言った。「僕らはまたニュースになった。君の息子たちに見せろよ。君は有名人だ，ハラルド！」

ハラルドは笑った。「あなたが有名人なんです，私ではありません」と彼は言った。「私はただの警察官です。⑤<u>あなたのお世話をするのが私の仕事です。</u>それはあなたの写真で，私の写真ではありません」

「そうかもな。でも君の子供たちはきっと，君が有名人だと思うよ。ほら，持って行って，彼らに見せろよ」

「わかりました。ありがとう」　ハラルドは微笑み，新聞をコートのポケットに入れた。「私もコーヒーを1杯もらいます」　彼は客室乗務員を呼んだが，来なかった。ハラルドは驚いている様子だった。

「どうした？」　カールが尋ねた。

「あの客室乗務員が」とハラルドが言った。「あの2人の男性と座って話しています」

カールは顔を上げ，あの若い客室乗務員を見た。彼女は2人の男性と機体前方の席に座っていた。彼らは不安げで落ち着かない様子だった。突然，男性の1人がカバンを取り，操縦席に入っていった！　もう1人の男性と客室乗務員が彼についていった。

「おかしいな」とカールが言った。「⑥彼らは何をしているんだ？」

「わかりません。非常に奇妙ですね」とハラルドが言った。「とても嫌な感じがします」　彼は席を立ちかけたが，やめて再び座った。

1，2分間は何も起こらなかった。他の乗客たちはだれも動いたり話したりしなかった。彼らもあの若者たちを見たのだ。機内は静まり返った。

ベルが鳴り，一瞬，2人の声が言い争っているのが聞こえた。そしてパイロットが話した。

「皆さま，機長です。どうか心配なさらずに。計画に変更があります。目的地に着く前に，別の空港に降りなくてはなりません。危険はございません。15分後に着陸いたします。ご着席のままで，落ち着いてお過ごしください。ご協力お願いいたします」

⑦そしてあの客室乗務員が操縦席から出てきた。彼女は今，全く違って見えた，なぜなら手にマシンガンを持っていたからだ。彼女は機体前方に立ち，乗客たちを注意深く見張った。

問1　in ～「～したら，～たてば」

問2　take off「離陸する」

問3　local time「現地時刻」とあるので，時差があることがわかる。飛行機は30分後に現地時刻で11：30に到着するので，現在は11：00だとわかる。

問4　a　前文参照。How long で期間を尋ねているので「3か月間」と答える。　b　客室乗務員の仕事を気にいっているかを尋ねている。　c　客室乗務員の仕事がとても好きだと答えている。　d　このあと「ありがとう」と答えているので，もう大丈夫かどうか尋ねているとわかる。

問5　(It's) my job to take care of you(.)　It は形式主語で不定詞以下が真主語である。

問6　前方で話している客室乗務員と2人の男性を指している。

問7　一緒に操縦席に入り，出て来たときにはマシンガンを持っていたことから彼女もハイジャック犯の一員だと判断できる。

問8　ア　「ハラルドは客室乗務員とほとんど同じ年の娘がいる」（×）　自分の娘に似ていると思ったのはカール。ハラルドには息子2人しかいない。　イ　「ハラルドはいつも旅から戻るとき子どもたちのためにおもちゃなどを持って帰る」（○）　第8段落参照。いつもおもちゃなどを持って帰るとある。　ウ　「カールは飛行機で全く眠れなかったので，客室乗務員にコーヒーを持ってくるように頼んだ」（×）　目覚めたあとでコーヒーを頼んだ。　エ　「カールとハラルドは飛行機のエンジントラブルのため，時間通りに到着しなかっただろう」（×）　最後から2つ目の段落参照。エンジントラブルではなくハイジャックされた。

2 （会話文読解：内容吟味，語句補充）

（全訳）――――――――――――――――――――――――――――――――

　リノとハナは買い物に行っている。彼女たちは1階にいる。

リノ：友達のためにベビーグッズを買いたいわ。先月生まれたの。

ハナ：いいわ。私は夫のためにセーターを見たいわ。私の買い物の前に，あなたの贈り物を見ましょう。

リノ：ありがとう。あら，3時ね。コーヒーはどう？　イタリアンカフェでエスプレッソが飲みたいわ。休憩のあと，買い物しましょう。

ハナ：いいわね。カフェはどこ？

リノ：フロアガイドがあるわ。えぇっと，2階ね。あら，イタリアンじゃないわ。私たちが行きたいカフェは(ア)5階にあるわ。

ハナ：いいわ。行きましょう。

（5分後，彼女たちはエレベーターで他の階に移動している）

リノ：着いたわよ！　フロアマップを確認しましょう。たくさんの素敵な店があるわね。婦人靴売り場までまっすぐ行きたい気がするわ！

ハナ：またそんなこと言って。本気？　あなたは(イ)コーヒーを飲みたいって言ったじゃない。

リノ：わかってるわ…でもこの階は素敵な雑貨屋があるわね。私が靴を見ている間，見ていたらどう？

ハナ：いいわ。でもそこはどこなの？

リノ：インフォメーションデスクを過ぎて，化粧品コーナーを左に曲がり，右側の2軒目よ。

ハナ：見に行ってみるわ。でもあなたの買い物で時間を使い過ぎないでよ。

リノ：大丈夫よ。30分したらカフェで会いましょう。雑貨屋の向かいよ。

ハナ：30分？

リノ：そうよ。もし退屈したら，新しいブーツを選ぶのを手伝ってよ。婦人靴売り場はここから左側の3軒目よ。

ハナ：ありがとう。でも①そうしないと思うわ。

――――――――――――――――――――――――――――――――――――――

問1　Floor Guide 参照。イタリアンカフェは5階にある。

問2　リノの2番目の発言で，「エスプレッソが飲みたい」と言っている。

問3　この直前のリノの発言内容を指している。

問4　Floor Guide 参照。ベビーグッズ(4階)，夫のセーター(6階)，イタリアンカフェ(5階)に行くので，2階には行く予定がない。

問5　リノの最後の発言参照。婦人靴売り場は二人がいる位置から左側の3軒目なので，⑤になる。

3 （語句整序：命令文，比較，不定詞，助動詞）

問1　Please <u>say</u> hello to <u>your family</u> for (me.)　say hello to ～「～によろしく伝える」

問2　(What) music <u>do</u> you like <u>the</u> best(?)　疑問詞 what は名詞を伴うことができるので what music とする。〈what ＋名詞〉のあとには一般的な疑問文の語順を続ける。

問3　(The) station <u>is</u> five minutes' walk <u>from</u> my house(.)　ここでの walk は「徒歩」という意味の名詞。five minutes' walk「5分間の徒歩で」

問4　(I) was <u>happy</u> to receive <u>an email</u> from (her.)　〈be happy to ＋動詞の原形〉は「～して嬉しい」という意味の副詞的用法の不定詞。

問5　(The bike) under <u>the tree</u> may be <u>my</u> brother's(.)　under the tree「木の下に」は「自転車」を修飾しているので bike の直後に置く。〈may ＋動詞の原形〉で「～かもしれない」という意味。be は be 動詞の原形。

4　(正誤問題：時制，動名詞，否定，比較，分詞，関係代名詞，間接疑問)

(1)　「近頃，ポールはふつう家で1週間に4，5冊の本を読む」　習慣を表す文は現在形にする。Paul は3人称単数なので，①の動詞 read は reads とする。

(2)　「彼は若い頃本当に休みを取らずに20キロ走ることができましたか？」　③の take を taking に直す。without のあとに動詞が続くときは，ing 形にして「～しないで」という意味になる。

(3)　「トムは昨日の朝，やることがなかったので，ただ家にいた」　not anything もしくは nothing 1語で「全く～ない」という意味になる。よって①は Tom didn't have anything to do とするか，Tom had nothing to do とする。

(4)　「ベスは学校の他のどの少女よりも上手にピアノを弾く」　③の girls を girl に直す。〈比較級＋ than any other ＋単数名詞〉「他のどの～よりも…」

(5)　「向こうで犬を連れて道路を渡っているあの高齢男性が見えますか？」　②の is を削除するか，主格の関係代名詞 who を補い who is walking his dog とする。walk the dog「犬を散歩させる，犬を連れて歩く」

(6)　「私はあなたがどんな種類の食べ物が一番好きか聞きたい」　③の do を削除する。what 以下は間接疑問なので〈疑問詞＋主語＋動詞〉の語順。

5　(発音)

(1)　ウは [ð]，他は [θ]。　(2)　イは [s]，他は [z]。　(3)　アは [ai]，他は [i]。

6　(アクセント)

(1)　エは第1音節，他は第2音節を強く読む。　(2)　エは第1音節，他は第2音節。

(3)　アは第2音節，他は第1音節。

65 │ 第2回 │ 解答・解説

解 答

1 問1 (a) カ (b) サ (c) キ (d) コ (e) シ (f) イ
(g) ケ (h) ウ

問2 ウ 問3 A ウ B ア C エ D イ

問4 オ 問5 イ

2 問1 ウ 問2 ウ 問3 ア 問4 ア 問5 ウ

3 (1) ④ (2) ④ (3) ③ (4) ④

4 (1) ア (2) エ

5 2番目，4番目の順 (1) イ，オ (2) エ，ア (3) オ，ア (4) オ，エ
(5) ウ，ア (6) ア，エ (7) ウ，オ (8) オ，ア (9) イ，オ
(10) イ，エ

配点 1 問1 各2点×8 他 各3点×7 (問3はA～D各3点)
2 各3点×5 3 各3点×4
4 各3点×2 5 各3点×10 (各完答) 計100点

解 説

1 （長文読解（説明文）：語句補充，適文補充，語句解釈，内容吟味，要旨把握）

（全訳）

　自然界では，動物たちは生き残る可能性を上げるためにできることは何でもする。動物は長く生きることができれば，それだけ子孫を残す機会に恵まれる。数百万年以上にわたって，動物たちは生き残る可能性を高めるために進化してきた。

　他の動物を捕まえ，殺して食べる動物たちは「(1)捕食者」と呼ばれる。捕食者が捕まえる動物たちは「(2)被食者」と呼ばれる。生存の可能性を上げるために，被食者の動物たちは自身を守るさまざまな多くの方法を作り上げてきた。

　A どのような動物でも，危険が迫っていると思ったときに残された選択肢は2つだ。つまり戦うか，逃げるかだ。捕食者から自身を守る最も単純な方法の1つは，逃げることだ。動物たちによって，逃げるための方法は異なる。捕食者がヤモリを捕まえると，そのしっぽが体から離れる。ヤモリが逃げている間，捕食者はヤモリのしっぽが動いているのを見ているのである。

　集団の中にいることも，生存にとっては重要だ。多くの魚はその生涯のうちのどこかで，「群れ」と呼ばれる大きな集団で泳ぐこと (a)によって，自身を守ることがある。何百または何千もの魚が密接して一緒に泳ぐと，サメなどの捕食者は1匹を選ぶことが困難になる。逃げられる魚もいることになる。B こうして群れで泳ぐことのもう1つの利点は，食料や捕食者を探すための目が増

えることだ。

ゾウもまた，大きな集団で移動する。しかし，ゾウたちは魚よりも積極的に自身を守る。赤ちゃんのゾウはライオンやハイエナの標的になることが多い。赤ちゃんゾウは大人のゾウほど大きくも強くもないため，捕食者が怪我をする危険性が少ない。赤ちゃんゾウは，攻撃されると鳴いて助けを呼ぶ。(b)その母は，集団にいる他の大人のゾウと一緒に，赤ちゃんゾウを守るために走り寄る。ゾウよりも体の小さい捕食者は，怪我をする危険性があまりに高いと，(c)あきらめるのが普通である。

動物たちが自身を守るもう1つの方法は，捕食者から見えないところで暮らすことだ。C動物の生息地，つまり家は，生き残るために重要なものだ。洞窟の中で暮らす動物もいるし，地下で暮らす(d)動物もいる。野生では，ハムスターは大きな鳥やヘビに見られる可能性を減らすために，日中は地下にいる。

雪の中にいる白いウサギ

野生では見つけることがもっと困難な動物もいる。隠れるところのない場所で捕食者から隠れるために，擬態（カモフラージュ）を使うのだ。寒冷な地域のウサギは生まれつき白い。彼らは毛皮が雪(e)と同じ色なので，オオカミなどの捕食者にとっては遠くから見るのが難しい。

カメレオンは，普段は薄い茶色である。しかしカメレオンは危険が迫っていることを察知すると，動きを止め，その環境に合わせて肌の色を変える。Dこのことによって，捕食者が彼らを見るのはとても困難になる。この写真の鳥は，自分の下にカメレオンがいることに気づいていない。

鳥の下に隠れるカメレオン

擬態は被食者の動物の役に立つだけではない。多くの捕食者も，環境の中にうまく隠れることができる。チーターはとても足が速いが，彼らが最高速度(f)で走ることができるのは短時間である。シマウマはチーターほど速くはないが，長時間走ることができる。これはつまり，チーターが被食者をうまく殺すためには，被食者を不意打ちしなければならないことを意味する。チーターの毛皮の模様は，アフリカの背の高い草の中に隠れるのに役立つのだ。

アオコノハチョウは，カメレオンや白ウサギとは違う方法で隠れる。このチョウは，飛ぶときにはその羽を開いている。その羽は瑠璃色とオレンジ色をしている。しかしその羽は，閉じると暗い茶色である。このチョウはただの枯れ葉(g)のように見えるのだ。アオコノハチョウが動いていないと，鳥たちは見つけることが難しい。ほとんどの鳥は，枯れ葉を食べることには興味がない。この防御方法は，「保護的擬態」と呼ばれる。

羽を広げたとき　　羽を閉じたとき

ヘビの中には，攻撃のためではなく，自身を守るために毒を使うものもいる。数百万年にわたって，毒のある多くのヘビは，自分が危険であることを他の動物たちに示すための色を作り出してきた。

ミルクヘビは，捕食者から隠れるためではなく，捕食者を怖がらせて追い払うために保護的擬態を使う。このヘビは鮮やかな赤色で，黒と黄色の縞模様(h)がある。このヘビに毒はないが，毒

のあるサンゴヘビに外見が非常に似ているため，捕食者はもっと捕まえやすい被食者を探すのが普通である。

　戦ったり逃げたりするという考え方は単純かもしれないが，これらの動物たちがそれをする方法は興味深い。

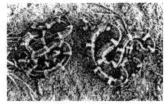

左－サンゴヘビ　右－ミルクヘビ

問1　(a)　by ～ ing「～することによって」　(b)　空所(b)の直前の文の主語である it は，a baby elephant を指す。Its mother はつまり，a baby elephant's mother である。(c)　give up「あきらめる，やめる」　(d)　空所 (d) の直前の文の主語である Some animals に着目する。Some ～ , others ... .「～なものもいれば，…なものもいる」(e)　the same ～ as ...「…と同じ～」　(f)　速度を表す語句を後ろに伴って「～（の速度）で」という場合には，前置詞 at を用いる。　(g)　〈look like ＋名詞〉「～のように見える」(h)　特性や所有を表して「～（という特性）を持った」と言う場合は，with を用いる。

問2　(1)predator は「捕食者」，(2)prey は「被食者」という意味。ア　(1)ハイエナ－(2)ヤモリ（×）　ハイエナについては第5段落で，ゾウに対する捕食者として記載があり，ヤモリについては第3段落で被食者として記載があるが，ハイエナとヤモリという組み合わせの記載はない。　イ　(1)シマウマ－(2)チーター（×）　第9段落にチーターとシマウマに関して記載があるが，チーターが捕食者でシマウマが被食者として記載されている。ウ　(1)鳥－(2)チョウ（○）　第10段落のアオコノハチョウの例を参照。　エ　(1)サメ－(2)ヘビ（×）　サメは第4段落に魚に対する捕食者として記載されており，ヘビは第12段落で被食者として記載されているが，サメとヘビという組み合わせの記載はない。

問3　A　空所Aの直後の文を参照。捕食者から身を守るために逃げることについて記載がある。つまり，空所Aで「戦うか逃げるか」という2つの選択肢を提示し，その直後の文で「逃げる」ことについて述べている。　B　アの more eyes に着目する。「目が増える」という記述から，群れについて説明していることがわかる。空所Bを含む第4段落では，群れについて説明している。　C　エの habitat or home に着目する。「居住地また家」という単語は，空所Cの直後の文にある live in ～「～に住む」と結びつく。　D　イで使われている〈make it ＋ 形容詞 ＋ for ～ to ＋動詞の原形〉は「～が…することを－にする」という意味。「捕食者が見ることを難しくする」という内容は，空所Dを含む第8段落全体で述べられている「擬態」と結びつく。

問4　ア　「ヤモリは攻撃されると，しっぽを体から切り離すことによって抵抗する」（×）第3段落最終文参照。ヤモリがしっぽを切り離すのは逃げるためであって，抵抗する(fight back)ためではない。　イ　「魚が大きな集団で泳ぐのは，迷子になるのを恐れているからだ」（×）　第4段落第3文参照。魚が群れで泳ぐのは，捕食者に襲われた際に的を絞らせないようにするため。　ウ　「サンゴヘビは，捕食者から隠れるために保護的擬態と擬態を使う」（×）　第12段落最終文参照。ミルクヘビが身を守るために擬態しているのが，サンゴヘビの模様。　エ　「ゾウは危険性が低いと攻撃する」（×）　第5段落第4文と最

終文を参照。自らが怪我をする危険性が低ければ攻撃し，危険性が高ければ攻撃しないのはゾウではなく，ゾウを襲うライオンやハイエナ。 オ 「アオコノハチョウは，羽を閉じていると関心を引くように見えない」（○） 第10段落第4文参照。

問5 ア 「動物が攻撃する方法」（×） イ 「動物が生き残る方法」（○） この文章で一貫して述べられているのは，「動物が生き残るためにいかに逃げたり隠れたりするか」である。 ウ 「動物が暮らす場所」（×） エ 「動物が食べるもの」（×）

2 （会話文読解：語句補充，適文補充，内容吟味）

（全訳）────────────────────────────────

グレッグ：ナンシー，今日は昼食に何を食べる？

ナンシー：バーガーはどう？　これは，まだ私たちが行ったことのない，新しくできたお店のチラシよ。すぐそこにあるわ。今，セールをしているのよ。

グレッグ：いいね。行って食べてみよう。何にする？

ナンシー：チキンパテが入っているのがいいわ。

グレッグ：ロデオチキンバーガーはどう？

ナンシー：①-A そうねえ。あ，スパイシーソースがついているのね。私は辛い食べ物があまり好きじゃないわ。

グレッグ：わかった。うーん。②どうしてロデオチキンバーガーっていう名前がついたのかな。ああ，わかった！

ナンシー：何？

グレッグ：メニューを見てごらん。わからない？　ロデオ競技をしているカウボーイの投げ輪のような形をしたオニオンリングが入っているんだ。

ナンシー：①-B ああ，なるほどね。見て，2つのバーガーには半額クーポンがあるわ。ねえ，クラブハウスバーガーっておいしそう。どう，グレッグ？

グレッグ：よさそうだね。ああ，だめだ，トマトが入っている。僕はその種が苦手なんだ。

ナンシー：トマト抜きのクラブハウスバーガーを頼んだら？

グレッグ：いや，そういうことはしたくないから，③ベーコンダブルチーズバーガーにするよ。あ，それはいつもの値段だね。

ナンシー：私はダブルチキンバーガーにして，このクーポンを1枚使うわ。

グレッグ：いいね。僕はデザートにソフトバニラアイスクリームを食べたいな。君もどう？

ナンシー：①-C 私は結構よ。糖分をとり過ぎないように気をつけないと。でも代わりに，フライドポテトを食べるわ。

グレッグ：わかった。もう行く準備ができている？

ナンシー：ええ。私は食事に全部で④5ドル20セント支払うことになるわね。

グレッグ：僕は7ドル90セント支払うよ。

第1回
第2回
第3回
第4回
第5回
第6回
第7回
第8回
第9回
第10回
解答用紙

バーガー　カフェ

ベーコンダブルチーズバーガー・・・・5 ドル 40 セント
ビーフパテ 2 枚，ベーコン，チーズ
クラブハウスバーガー・・・・・・・6 ドル 20 セント
ビーフパテ 1 枚，ベーコン，レタス，トマト
ダブルチキンバーガー・・・・・・・6 ドル 40 セント
チキンパテ 2 枚，レタス，トマト
ロデオチキンバーガー・・・・・・・4 ドル 90 セント
チキンパテ 1 枚，レタス，スパイシーソース，オニオンリング
フライドポテト・・・・・・・・・・2 ドル
ソフトバニラアイスクリーム・・・・2 ドル 50 セント

クーポン：クラブハウスバーガー 50％引き	クーポン：ダブルチキンバーガー 50％引き

問1　①−A は，グレッグに「ロデオチキンバーガーはどう？」と聞かれて，ナンシーが少し考えているところなので，Let me see.「そうね」が入る。　①−B は，グレッグからロデオチキンバーガーの名前の由来を聞いて納得している場面で，Oh, I see.「ああ，なるほど」が入る。　①−C は，グレッグにソフトバニラアイスクリームを勧められて，糖分をとり過ぎないようにしようと断っていることから，No thanks.「結構です」が入る。

問2　グレッグがロデオチキンバーガーの名前の由来に関心を示している場面。I wonder ～で「～かしら」という意味になる。

問3　クラブハウスバーガーとダブルチキンバーガーには半額クーポンがついているが，グレッグが選んだものはいつもの値段である。また，グレッグの合計金額は 7 ドル 90 セントであり，デザートのソフトバニラアイスクリームが 2 ドル 50 セントなので，7.90 － 2.50 ＝ 5.40 より，グレッグは 5 ドル 40 セントのベーコンダブルチーズバーガーを注文したことになる。

問4　ナンシーは，ダブルチキンバーガーが 6 ドル 40 セントの半額 3 ドル 20 セントであり，フライドポテトが 2 ドルなので，合計 5 ドル 20 セント。

問5　ア 「グレッグもナンシーも初めてこのバーガー店を訪れるだろう」（○）　ナンシーの最初の発言に，a newly-opened shop we have never visited「今まで訪れたことのない新しくできたお店」とある。　イ 「ロデオチキンバーガーの名前はロデオ競技をしているカウボーイの投げ輪からきている」（○）　グレッグの 5 番目の発言参照。ロデオチキンバーガーにはロデオ競技をしているカウボーイの投げ輪のような形をしたオニオンリングが入っている。　ウ 「グレッグとナンシーはお昼に 2 枚のクーポンの両方を使うだろう」（×）　ナンシーはクーポンを使ってダブルチキンバーガーを注文するが，グレッグはベーコンダブルチーズバーガーをいつもの値段で注文しているので，本文の内容と一致しな

い。 エ 「ナンシーはスパイシーフードも甘いデザートもどちらも食べないだろう」（○）ナンシーの3番目と8番目の発言参照。ナンシーはスパイシーソースの入ったロデオチキンバーガーにせず，ソフトバニラアイスクリームも糖分をとりすぎないようにしようと断っている。

3 （文中アクセント）

(1) 「ヒロシ，こんにちは。何を読んでいるの？」「科学の本を読んでいます」 何の本かを答えるので④ science「科学」を強く発音する。

(2) 「私は郵便を待っています。いつ届くか知っていますか？」「たいていお昼頃きます」いつ届くかを答えるので④ noon「お昼」を強く発音する。

(3) 「サリーはふつう，食事と一緒にコーヒーを飲むと思うよ」「本当？ 僕は食事のあとにコーヒーを飲む方が好きだよ」「食事と一緒」ではなく，「食事のあと」に飲む，と強調するため③ after「〜のあとに」を強く発音する。

(4) 「ケンジはどうしてサッカーをするのがそんなに上手なの？」「青年時代にプレーし始めたからだよ」 上手な理由を答えるので，答えの中心となる④ youth「青年時代」を強く発音する。

4 （語彙）

(1) 「マイクは冬休み前に図書館の本を返却するのを忘れた。戻ってくると図書館から e メールが届いていた。本は<u>期限が過ぎて</u>3ドル支払わなければならなかった」 ア「返却が遅れた」（○） イ「大きな建物に長く保管された」 ウ「管理状態が悪いままどこかに紛失した」 エ「すぐに売り切れた」

(2) 「新しい学長には多くの困難があったが，彼は大学に重要な変化<u>を起こす</u>ことができた」 ア「問題の正しい答えを見つける」 イ「他の人たちとは違ってくる」 ウ「何かに注意を払わない」 エ「何かを起こす」（○）

5 （語句整序：比較，受動態，接続詞，分詞，関係代名詞，不定詞，疑問詞，動詞）

(1) (The) woman <u>became</u> more <u>and more</u> famous(.) 「その女性はどんどん有名になった」 more and more で「ますます〜，どんどん〜」という意味。

(2) (What) is <u>this</u> bird <u>called</u> in (English?) 「この鳥は英語で何と呼ばれますか？」 受動態の疑問文なので〈be 動詞＋主語＋過去分詞〉の語順にする。

(3) (Any book) will <u>do</u> so <u>long</u> as (it is interesting.) 「面白ければどんな本でもいい」 will do は「役に立つ，目的を果たす」，so long as 〜で「〜である限り，〜でさえあれば」という意味。

(4) (I'd) like <u>to</u> have <u>this jacket</u> cleaned(.) 「この上着をクリーニングしてもらいたい」 would like to 〜で「〜したい」，〈have ＋ O ＋過去分詞〉で「〜を…してもらう」という意味。

(5) (The) latter <u>half</u> of <u>the movie</u> was (boring.) 「その映画の後半はつまらなかった」

latter は「後半の～」という意味。

(6)　(Is) this <u>the book</u> you <u>are</u> looking for(?)　「これはあなたが探している本ですか？」 book のあとに目的格の関係代名詞があるが，この文では省略されている。

(7)　(Would you) tell <u>me</u> what <u>dictionary</u> to (buy?)　「どんな辞書を買うべきか教えてもらえませんか？」　〈what ＋名詞＋ to ～〉で「どんな…を～するべきか」という意味。

(8)　(How) soon <u>can</u> you finish <u>cleaning</u> your room(?)　「どのくらい早くこの部屋を掃除し終えられますか？」　how soon で「どのくらい早く，いつ」という意味。

(9)　Is <u>that boy</u> carrying <u>a big bag</u> your (brother?)　「大きなバッグを運んでいるあの少年はあなたのお兄さんですか？」　carrying a big bag という部分が boy を修飾している。

(10)　This road <u>will take</u> you <u>to</u> the airport(.)　「この道を行けば空港に着く」　「この道があなたを～へ連れて行く」という表現で，「この道を行けば～に行ける」という意味になる。

使役動詞 have

1　**have** ＋ O ＋ C（動詞の原形）「O に C させる」，「O に C してもらう」
I **had** my father *repair* the computer.
「私は，父にコンピュータを修理**してもらった**」
▶「父」と「修理する」の間に＜能動＞の関係があるとき，C には動詞の原形を用いる。

2　**have** ＋ O ＋ C（過去分詞）「O を C してもらう」
I **had** the computer *repaired* by my father.
「私は，父にコンピュータを修理**してもらった**」
▶「コンピュータ」と「修理する」の間に＜受動＞の関係があるとき，C には過去分詞を用いる。
▶内容が好ましいことである場合，「O を C してもらう」と訳すのが自然。

3　**have** ＋ O ＋ C（過去分詞）「O を C される」
I **had** my bag *stolen* in the crowded train.
「私は，混雑した電車の中でかばんを盗**まれた**」
▶「私のかばん」と「盗む」の間に＜受動＞の関係があるので，C には過去分詞を用いる。
▶内容が好ましくないことである場合，「O を C される」と訳すのが自然。

解　答

1 　問1　ウ　　問2　エ　　問3　イ　　問4　エ　　問5　ア　　問6　ウ
　　問7　エ　　問8　エ, カ

2 　[1]　ウ　　[2]　ク　　[3]　カ　　[4]　オ　　[5]　コ

3 　(1)　⑤　　(2)　④

4 　(1)　④　　(2)　②　　(3)　①　　(4)　②　　(5)　④
　　(6)　③　　(7)　②　　(8)　③　　(9)　①　　(10)　①

5 　(1)　(A)　greater　　(B)　that　　(C)　of
　　(2)　(A)　are　　(B)　caused　　(C)　drivers
　　(3)　(A)　a　　(B)　chance　　(C)　study
　　(4)　(A)　old　　(B)　be　　(C)　care
　　(5)　(A)　was　　(B)　to　　(C)　put
　　(6)　(A)　on　　(B)　is　　(C)　I

6 　The book（which / that）I read last month is much more difficult than this one.

配点　1　各4点×8（問8は完答）　　2　各4点×5
　　　　　3　各3点×2　　4　各2点×10
　　　　　5　各3点×6（各完答）　　6　4点　　計100点

解　説

1 　（長文読解（説明文）：語句解釈・文整序・指示語・内容吟味）
（全訳）

　地球はだんだんと暖かくなっていて，地球上の氷の多くが解けている。この新しい水は海に行き，海面が高くなってきている。①これらの変化は今起きていて，将来多くの問題を引き起こすかもしれない。しかし，世界中の人々に危機をもたらす他の変化が起きている。その変化は世界の雨に起きている。どこで雨が降るか（もしくは降らないか），そして，どのくらい多くの雨が降るのか。多すぎる雨は洪水の危機を意味する。少なすぎる雨は干ばつの危機を意味する。洪水や干ばつがあると，きれいな飲み水が少なくなり，人々が死ぬ。

　海は地球の70％を覆っている。海水は塩辛く，飲むことができない。地球上の水のわずか3％が淡水（塩分を含まない）で，この淡水のほとんどが北極，南極，そして世界の山々の氷の中で凍っている。私たちは飲み水が必要だが，食物を育てるための水も必要だ。米1キログラムを栽培するには，約2,000リットルの水が必要だ。そして羊や牛などの動物には，1キログラムあたり約10,000リットル必要である。地球上の人，1人につき年間少なくとも170万リットルが必要で，

地球の人口は毎年増えている。だから②私たちにとって雨より大切なものはないのである。雨はどこから来るのか？　そして以前よりも雨は増えているのか，それとも減っているのか？

　雨は海や川の水から，そして地中の水からも来る。この水は太陽の熱で蒸発し，水蒸気―空気中の非常に小さな水滴―になる。③水蒸気が大気中を上昇し，冷やされ，小さな水滴が雲を作る。雲がより高く上昇すると，冷やされて小さな水滴が大きくなる。そして雨粒が落ちてきて，川や湖や海や地面に水が戻るのだ。これは④水の循環と呼ばれる。

　かつて，気候が今より暖かくなかったとき雨はそれほど激しくなかった。しかし今，気候が暖かくなり，非常に激しい嵐が増えている。科学者たちは，21世紀の間，雨は10％以上増えるだろうと考えている。おそらく，雨が少ない年もあるだろうが，激しい雨と洪水の起こる年が増えるだろう。そして⑤これは世界の他の場所でもあてはまる。21世紀は多くの人々により多くの雨，より激しい雨，より多くの洪水をもたらすだろう。

　しかし，世界の多くの場所では⑥逆の問題が起きている。彼らにとって，より暑い世界とはより乾燥した世界だ。アフリカのサヘル地域は，広大で乾燥したサハラ砂漠の南にある。この地域では，以前よりも雨が少なくなり，世界最大の湖の1つがほとんど消えてしまっている。チャド湖は水の95％を失ってしまった。そしてこれはわずか40年で起きたのだ。

　よって，気候変動は単純ではない。異なる変化が異なる場所で起きている。しかし1つのことがだれにとっても変化している。天気がより多くの問題をもたらしているということだ。暑いときは，以前よりも暑くなるだろう。風が吹けば，より強く吹くだろう。雨が降れば，もっと激しく降るだろう。言い換えれば，21世紀は私たちに⑦極端な気候をもたらすだろう。

問1　ウ「地球がだんだんと涼しくなっている」ことの記述はないのであてはまらない。

問2　〈there is nothing ＋比較級＋ than ～〉で「～ほど…なものはない」という意味。「雨より大切なものはない」ということは，雨が最も大切なのである。

問3　水蒸気についての説明は直前の文に書かれている。

問4　「海水が太陽の熱で蒸発し水蒸気になる」→イ「水蒸気が大気中を上昇し，冷やされる」→ア「水蒸気が集まり雲になる」→エ「雲が高く上昇し，冷やされ大きくなる」→ウ「雨粒が地上に落ちてくる」→「川や湖や海に流れ込む」

問5　直前の文参照。

問6　the opposite problem は「逆（正反対）の問題」という意味。直前の段落で述べられている「激しい雨が増えて洪水をもたらす」という問題と「逆」の問題を指す。

問7　extream weather は「極端な気候」という意味。エ「より多くの問題」は「極端な気候」の具体例ではないので不適切。

問8　ア「多くの雨が降ると，干ばつの危機がもたらされる」（×）　第4段落参照。洪水の危機がもたらされるとあるので不適切。　イ「洪水や干ばつがあると，きれいな飲み水が得られる」（×）　第1段落最終文参照。　ウ「海水は塩辛いので簡単に飲むことができる」（×）　第2段落第2文参照。　エ「北極や南極，世界の山々には淡水の氷がある」（○）　第2段落第3文の内容に合う。　オ「地球上の1人の人は1年に少なくとも2,000リットルの水が必要だ」（×）　第2段落第6文参照。170万リットル必要とある。　カ「気候変動は単純ではなく，異なる場所で異なる変化が見られる」（○）　第6段落第1・2文の

内容に合う。

2 （会話文読解：適文補充）

(全訳)───────────────────────

スミス先生：みなさん，おはよう。

生徒全員　：おはようございます，スミス先生。

スミス先生：今日は英語の月名について話します。まず，1年の最初の月は何ですか？

スズ　　　：January です。

スミス先生：そうです。January は物事の初めと終わりの神であるヤヌスから名づけられました。しかし大昔には January は1年の初めの月ではありませんでした。

ミカ　　　：そうなんですか？　それではどの月が初めだったのですか？

スミス先生：当てられますか？

カオル　　：9月だったのではないでしょうか？　合衆国やヨーロッパでは学校は9月に始まります。

スミス先生：よく考えましたね。でも違います。ヒントをあげましょう。[1]タコは何本腕を持っているか知っていますか？

タカ　　　：はい，知っています。8本です。

スミス先生：その通り。Octo はラテン語で，英語では「8」を意味します。

ユウジ　　：それは知りませんでした。では10月が8番目の月だったのですか？

スミス先生：そうです。Ber もまたラテン語で，英語では「月」を意味します。octopus と同様に October という名前は，「8」を表すラテン語の octo からきています。

スズ　　　：[2]では答えは3月ですね！

スミス先生：その通り！　古代ローマ人たちは古い年と新しい年の間の祝賀のときには，全ての戦争を休止することを要求しました。そして彼らはそのときを，ローマの戦争の神である Mars にちなんで名づけました。

タカ　　　：10月は「8番目の月」だとおっしゃいましたから，9月は「7番目の月」なのですか？

スミス先生：その通りです。ついでながら，November は「9番目の月」で，December は「10番目の月」を意味しました。それらの名前はラテン語からきています。

ミカ　　　：それでは August は「6番目の月」ですか？

スミス先生：いいえ。[3]August は ber で終わる月とは違っています。それはアウグストゥス・シーザーから名づけられました。あなたたちは彼を知っていますか？

生徒全員　：いいえ。

スミス先生：アウグストゥスは最初のローマ皇帝でした。彼は8月に生まれました。

カオル　　：なるほど。

スミス先生：July もある偉大な人物から名づけられました。彼は偉大なローマの執政官でした。歴史に対する彼の最も大きな貢献の一つは，ユリウス暦を発展させたことです。それは私たちが今日使うグレゴリオ暦の前身です。彼がだれか知っていますか？

生徒全員　：いいえ。

スミス先生：彼の名前はジュリアス・シーザーです。彼はアウグストゥス・シーザーの養父でした。

第
1
回

第
2
回

第
3
回

第
4
回

第
5
回

第
6
回

第
7
回

第
8
回

第
9
回

第
10
回

解答用紙

スズ　　　：その名前を知っています。[4]以前「ジュリアス・シーザーの悲劇」という芝居を見たことがあります。

スミス先生：おや，そうですか？　それはウイリアム・シェークスピアによって書かれた最も有名な芝居の一つです。

ミカ　　　：June はどうですか？　私が生まれた月です！

スミス先生：わかりました。June は結婚の神であるユノにちなんで名づけられました。June は結婚においていつも人気のある月です。ジューンブライドは聞いたことがありますか？

ミカ　　　：いいえ，ありません。その言葉を聞いたのは初めてです。

スミス先生：June に結婚する女性はジューンブライドと呼ばれます。ジューンブライドは幸福な生活を送ると言われます。

カオル　　：なぜ幸福な生活を送るのですか？

スミス先生：ジューンブライドは女神のユノに守ってもらえると信じられているからです。

ミカ　　　：それはすごい！　私もいつか6月に結婚したいです！

スミス先生：そうなるといいですね。

タカ　　　：まだ話していない他の月についても教えてもらえませんか？

スミス先生：もちろんです。えっと，February はラテン語の februa からきています。それは1年の終わりに行われるお祭りでした。[5]April は美の女神であるアフロディーテから名づけられました。May は植物を育てる大地の女神であるマイアから名づけられました。英語の月の名前は神様や女神やラテン語からきています。

タカ　　　：とても面白いですね。

スズ　　　：たくさん勉強できました！　ありがとうございます。

スミス先生：どういたしまして。今日はこれで終わりです。明日会いましょう。

生徒全員　：また明日！

使用しない選択肢は以下の通り。

ア　「私は先月彼についての本を読みました」

イ　「4月が正しい答えだと思います」

エ　「September という名前は『7』を表すラテン語の septem からきています」

キ　「タコは何本腕を持っていますか？」

ケ　「January と February は初期のローマ暦にはありませんでした」

③　（長文読解（説明文）：内容吟味）

(1)　皆さんは，風呂敷を使ったことはあるだろうか？　①風呂敷は日本の伝統的な布である。②それらは四角くて，物を包んで持ち運ぶために使われる。③それらは何度も使えるので環境によい。1枚持っていれば，包装紙やビニール袋を使う必要がない。それらは便利でもある。④それらを折りたたんでポケットに入れておくことができるのだ。⑤それらは最初奈良時代に作られ，今では若者たちの間で人気が出ている。私はもっと多くの人が風呂敷を使うべきだと思う。風呂敷を使うことは環境を守る1つの方法である。

　　風呂敷をテーマとした文章で，風呂敷の特性についての説明に始まり，それを使うことが環境保護に役立つという流れの文章。①，②は風呂敷の基本的な説明，③の直後の文は③の内容の具体的な説明になっているのでつながる。④は直前の「風呂敷は便利だ」という文を具体的に補足説明している。⑤は風呂敷の歴史と現状についての説明だが，前後の文とのつながりがないので不要。

(2)　介助犬は，事故にあったり病気になったために歩いたり手を使ったりすることができない人を助ける犬である。介助犬を使う人は「ユーザー」と呼ばれる。介助犬はどのようにしてユーザーを助けるのだろうか？　<u>①日本の多くの介助犬はラブラドール・レトリバーである</u>。「レトリバー」という名前は retrieve（回収する）に由来する。回収するとは，何かを見つけてそれを持ち帰るということだ。それらは回収することが好きなのだ。<u>②ユーザーの元へ物を持ち帰ることはそれらの仕事の１つなので，それは重要なことだ</u>。<u>③介助犬はまた，およそ50の単語を理解して，彼らのためにたくさんのことをする</u>。<u>④中にはそれらとともに暮らすのを少し怖がる人もいる</u>。介助犬はユーザーがドアを開け閉めして買い物に行くときに彼らを助ける。<u>⑤ユーザーの生活はそれらと一緒だと楽になる</u>。私たちは，それらがユーザーにとって大切であることを理解すべきである。

　　介助犬をテーマとした文章。介助犬全般に関する説明で始まり，ラブラドール・レトリバーの説明をはさんで，第8文からは介助犬の具体的な仕事について説明している。したがって，介助犬の仕事と直接関係のない内容の④が不要。

4　（語句補充：動名詞，比較，接続詞，前置詞，疑問詞，間接疑問，助動詞）

(1)　「エミコはオーストラリアで素晴らしい時間を過ごし，異なった生活様式を楽しんだ」enjoy に続く動詞の形は，動名詞が適当。

(2)　「あなたの健康が他の何よりも大切だ」　than anything else「他の何よりも」と続くので，比較級 more ～を選ぶ。

(3)　「私は高校生のとき，野球部に所属していた」　belong to ～で「～に所属している」という意味。「高校生だったとき」のことなので過去形にする。belong は進行形にはできない動詞であることに注意する。

(4)　「あなたが帰宅したら，何か良いものをあげよう」　時・条件を表す〈when ＋主語＋動詞〉の節では，未来のことでも現在形で表す。

(5)　「私はとても眠い。今朝5時に起きた」「～時に」と時刻を表すときには，前置詞 at を用いる。in は月・年・季節に，to は「～まで」という到達点に，on は日付・曜日に用いる。

(6)　「私はこの車もあの車も選ばないだろう」　neither A nor B で「A も B も～ない」という意味になる。

(7)　「私は2時間前にルーシーに e メールを送った」　文末に two hours ago とあるので，過去の文だとわかる。send の過去形 sent が適当。過去のある時点を表す語句がある場合，現在完了形〈have[has] ＋過去分詞〉を用いることはできない。

(8)　「この建物の高さはどのくらいですか？」「約300メートルです」　2文目で「約300メー

トルです」と答えているので，How tall を使って高さを尋ねていると考える。

(9) 「あなたがそのカメラをどこで買ったのかを私に教えてください」　間接疑問〈疑問詞＋主語＋動詞〉を使った文。疑問詞のあとは肯定文の形が続く。

(10) 「私の母は数日前，ひどい腹痛におそわれた。そしてそのとき私は彼女を病院に連れて行かなければならなかった」　a few days ago から，過去の文だとわかる。過去における義務を表すには，have[has] to ～の過去形 had to ～を用いる。

5　(語句整序：比較，代名詞，受動態，分詞，不定詞，熟語，関係代名詞，前置詞)

(1) (The volume of the sun is) much <u>greater</u> than <u>that</u> <u>of</u> the earth(.)　比較級の文。much は比較級を強める。that は the volume の繰り返しを避けるために用いられている。

(2) (These days,) many traffic accidents <u>are</u> <u>caused</u> by <u>drivers</u> using (mobile phones.)　cause「～を引き起こす」を受動態〈be 動詞＋過去分詞〉にした文。using mobile phones は drivers を後ろから修飾する形容詞的用法の現在分詞句。

(3) (We need to) give young people <u>a</u> <u>chance</u> to <u>study</u> abroad(.)　〈give ＋人＋物〉「(人)に(物)を与える」　to study abroad「外国で学ぶ」は chance を後ろから修飾する不定詞句。

(4) (You're) <u>old</u> enough to <u>be</u> able to take <u>care</u> of (yourself.)　直訳は「あなたは自分自身の世話ができるくらい十分に年を取っている」。〈… enough to ＋動詞の原形〉「～するくらい十分…」〈be able to ＋動詞の原形〉「～できる」　take care of ～「～の世話をする」

(5) (The game) I <u>was</u> looking forward <u>to</u> was <u>put</u> off (because of the rain.)　I の前に目的格の関係代名詞が省略されており，I was looking forward to「私が楽しみにしていた」が game を後ろから修飾する。文の動詞は put off ～「～を延期する」を受動態にして was put off となる。　look forward to ～「～を楽しみにする」

(6) (The girl) with flowers <u>on</u> her head <u>is</u> the one <u>I</u> (talked to this orning.)　with ～ は「～をつけた」という意味で，with flowers on her head「頭に花をつけた」が girl を後ろから修飾する。the one は the girl の意味。I の前には目的格の関係代名詞が省略されており，I talked to this morning「私が今朝話しかけた」が後ろから one を修飾する。

6　(条件英作文：関係代名詞，比較)

The book (which / that) I <u>read</u> last month is <u>much</u> more difficult than this <u>one</u>.　文の主語は「先月私が読んだ本」。The book の後ろに目的格の関係代名詞を置き，I read last month と続ける。目的格の関係代名詞 which / that は，省略も可能。「よりずっと難しい」は比較を用いて much more difficult と表す。much は比較級を強める語で「ずっと」という意味。this one は this book の意味である。

解　答

1 問1 (1) イ　(2) ア　(3) オ　(4) エ　(5) ウ
　　問2　オ　　問3　イ，ウ
2 (1) ア　(2) ウ　(3) エ　(4) イ　(5) エ
3 (1) ア　(2) イ　(3) エ
4 (1) ウ　(2) ア　(3) エ　(4) イ　(5) エ
5 (1) surprised at [by]　(2) we can　(3) How [What] about
　(4) have you known　(5) so, that, can't [cannot]
6 (1) ① ク　② カ　(2) ③ イ　④ キ　(3) ⑤ エ　⑥ イ
　(4) ⑦ イ　⑧ ア　(5) ⑨ ク　⑩ ケ

配点　1 問1・問3　各4点×7（問3は各4点）　　問2　3点
　　　2 各4点×5　　3 各3点×3
　　　4 各2点×5　　5 各3点×5（各完答）
　　　6 各3点×5（各完答）　　計100点

解　説

1 （長文読解（説明文）：文選択補充，内容吟味）
(全訳)

　何千人もの人々が最初の国際オリンピック競技のためにオリンピアに来た。彼らはギリシャの多くの異なる町からやって来た。

　最初は，(1)短距離走しかなかった。後に，跳躍競技やボクシング競技，そして競馬も行われた。競技は楽しいものだった。食べ物や飲み物や花が売られた。歌手やダンサーもいた。

　男性だけが競技に出た。今日のオリンピックでは，スポーツ選手は短パンとシャツを着ているが，最初の競技では，選手は何も身につけていなかった。(2)競技を見る女性がいなかったのだ！

　当時，ギリシャでは多くの争いがあった。しかし，競技が始まると，みんな1か月の間争うのをやめた。彼らは競技に行った。それから競技が終わると，再び争い始めたのだ。

　1,000年の間，(3)4年に1度オリンピアで競技が行われた。西暦400年頃に競技をやめて，ほぼ1,500年の間再開されなかった。

　今日では，2つのオリンピック競技がある。すなわち，夏のオリンピックと冬のオリンピックである。

　現代のオリンピックは常にギリシャで行われるわけではない。(4)競技は毎回異なる国で行われる。

男性も女性も，何千人ものスポーツ選手が現代のオリンピックにやって来る。彼らは世界の200を超える異なる国からやって来る。彼らはみんな国のためにメダルを獲得したいと思っている。1位には金メダル，2位には銀メダル，そして3位には銅メダルである。

オリンピアでは，オリンピック競技会が始まる少し前に，11人の女性がオリンピックのたいまつに火をつける。それから(5)スポーツ選手がギリシャのオリンピアからオリンピック競技場までそのたいまつを持って行く。これは長距離になることもありうる。オリンピックのたいまつは船や飛行機に乗る必要があることもある。2008年には，2万人を超えるスポーツ選手がオリンピアから中国の北京までたいまつを持って行った。

何日も何週間もしたあとに，最後のスポーツ選手が到着してオリンピック競技場に大きな炎を点火する。さあ，競技が始まる！

問1　全訳参照。（1）空所を含む文のあとに，競技の種類が増えていったことが具体的に書かれているので，競技の種類について述べているイが適切。（2）空所の直前に，選手が裸で競技を行ったことが書かれているので，その理由に当たるアが適切。（3）空所の前後でオリンピック初期からの開催の歴史を簡単に述べているので，当時のオリンピックの開催について述べたオが適切。（4）空所の直前の文の内容を具体的に説明しているエが適切。（5）空所を含む文の直前に「最初にオリンピアで女性がたいまつに火をつける」と書かれており，Then「それから」とあるので，続いてたいまつがどうなるのかについて述べたウが適切。

問2　第9段落最終文の内容を言い換える。オリンピアから北京までたいまつを運んだ選手の数は，本文では over twenty thousand と表されている。1,000の20倍ということで，「2万人」ということになる。over と more than はいずれも「～よりも多い」という意味。

問3　ア「最初のオリンピック競技会では水泳競技があった」（×）第2段落の内容に合わない。　イ「最初のオリンピック競技会では女性の選手はいなかった」（○）第3段落第1文の内容に合う。　ウ「最初のオリンピック競技会が始まると，ギリシャでは1か月間争いが止まった」（○）初期のオリンピックについて述べている第4段落の内容に合う。　エ「オリンピアの11人の男性がオリンピックのたいまつに火をつける」（×）第9段落第1文参照。たいまつに火をつけるのは女性。　オ「オリンピックのたいまつを船で持って行ったことのある人はいない」（×）第9段落第4文参照。船でたいまつを運ぶ場合もある。

2　（長文読解（説明文）：内容吟味・要旨把握）

（全訳）

多くの人がこの数学の問題に苦労している。

$$9 - 3 \div \frac{1}{3} + 1 = ?$$

それは簡単な数学の問題に見えるが，最近日本で話題になった。というのも，自分が答えを間違えてしまうかもしれないとすぐに気づくからだ。ポップシュガーの調査によると，20代の人の60％しかその問題を正しく解けなかった。

それでは残りの40％は何を間違えるのか？　その問題を作成した，数学家プレシュ・タルウォーカーは，どのように解くのか説明する。

そのやり方は，PEMDASという四則演算の順番の法則を思い出すことだ。それはParentheses（カッコ），Exponents（指数），Multiplication（掛け算），Division（割り算），Addition（足し算），Subtraction（引き算）を表している。タルウォーカーが説明するように，これは $3 \div \dfrac{1}{3}$ を最初に計算することを意味する。3を $\dfrac{1}{3}$ で割ると9，そして左から右に方程式を進めていくので，最後には正しい答えである1にたどり着く。

不幸にも，間違えた人の大部分は，PEMDASを忘れ，単に左から右へ計算する。よくある誤答は3，7，もしくは9だった。

もちろん，それは簡単な数学の問題である。しかし，本当にそうだろうか？　正答率60％は，1980年代の90％から落ちている。この大きな①下落は何を意味するのか？　これは私たちが安易なインターネット検索や計算機に頼りすぎていることを意味しているのではないか？

---

(1) 「その数学の問題の正しい答えは＿＿だ」　正しい答えは，第3段落最終文にあるように1である。

(2) 「この最近の調査で正しい答えをだした人の割合は＿＿だ」　第1段落最終文にあるように60％である。

(3) 「それを解こうとした人は＿＿だ」　第1段落最終文参照。20s「20代」とあるので，20〜29歳となる。

(4) 「この問題に正しく答えるためには，最初に＿＿を計算する必要がある」　第3段落第2文参照。まず最初に割り算から計算をする。

(5) 「（　①　）の空所に入れる最も適切な答えは＿＿だ」　直前の文参照。1980年代の90％から，60％まで大きく落ちている。drop「落下」

③ （適文補充）

(1) 「シルビアは自分の猫が大好きで，自分の部屋で飼っている。しかし，いとこのロイは小さな犬を飼っている。ある日，ロイがその犬を連れて彼女の家に来た。彼女は犬と一緒に来た彼を見てとても驚いた。彼女は ㋐自分の猫を自分の部屋に入れるために急いで部屋に行った」　ロイが犬を連れてきたので，シルビアは猫を部屋に入れた。

(2) 「オランダのほとんどの人が自転車を持っている。1台よりも多く持っている人もいる。オランダには約1,700万台の自転車があり，人口は約1,600万人だ。なぜオランダでは自転車がこんなにも人気なのか？　なぜなら，そこでは自転車に乗るのがとても簡単だからだ。オランダは ㋑とても平らな国で，あまり雨が降らない」　オランダでは自転車に乗りやすい理由が入る。

(3) 「日本は世界で最も重要な国の1つになり，国々との関係はずっと緊密だ。日本に来る人の数は増加している。彼らは旅行して回ったり仕事をしたりするためにやって来る。彼らは日本に興味があるが，日本が不思議の国だと気づく。これが問題だ。私たちはその

問題について何かしなければならない。私たちがしなければならない主な事は，自分たちの国や文化についてもっと知ることと，ェ<u>外国語で自分たちについてもっと話す</u>ことだ」外国の人に日本を理解してもらうためにするべきことが入る。

4 （語句補充：前置詞，関係代名詞，比較，時制，動名詞）
(1) 「私たちは来月末までここにいる予定だ」 until「〜まで（ずっと）」
(2) 「このクラスで英語を上手に話せる生徒を知っていますか？」 students を先行詞とする主格の関係代名詞を入れる。
(3) 「妹は弟よりもずっと多くの自由時間がある」 much は比較級を強める語。
(4) 「あなたにすぐに返信しなくてごめんなさい」 過去形の否定文にする。
(5) 「ジョンは今朝走ってみた，そして気持ちがよかった」 try 〜ing「ためしに〜する」

5 （同意文書き換え：受動態，比較，動名詞，現在完了，接続詞）
(1) 「事故についてのニュースは私にとって大きな驚きだった」→「私は事故についてのニュースにとても驚いた」 be surprised at 〜「〜に驚く」
(2) 「私たちは最善を尽くしてやってみなければならない」→「私たちはできるだけ一生懸命にやってみなければならない」〈as 〜 as ＋ A ＋ can〉で「A ができるだけ〜」という意味になる。
(3) 「ここで昼食を食べませんか？」→「ここで昼食を食べるのはどうですか？」How about 〜ing?「〜するのはどうですか？」
(4) 「あなたはいつその男性を知るようになりましたか？」→「あなたはどのくらいの期間，その男性を知っていますか？」〈get to ＋動詞の原形〉で「〜するようになる」という意味。
(5) 「妹は一人旅をするには若過ぎる」→「妹は若過ぎて一人旅ができない」〈too ＋形容詞＋ to ＋動詞の原形〉は〈so ＋形容詞＋ that ＋ A ＋ can't ＋動詞の原形〉で書き換えができる。

6 （語句整序：強調構文，助動詞，受動態，間接疑問，不定詞）
(1) Who <u>is</u> it that you want <u>to</u> see in(the future?) 強調構文〈It is ＋ A ＋ that 〜〉「〜なのは A だ」を Who で疑問文にする。Who is it that 〜？「〜なのはだれですか？」
(2) It used to be <u>believed</u> that <u>the earth</u> was flat(.) 形式主語構文で，It は that 以下を指す。used to 〜「かつて〜」 後ろに受動態の動詞 be believed が続いている。
(3) The investigation will enable <u>you</u> to find out what <u>is</u> wrong(.) 無生物が主語の文で直訳は「調査はあなたが〜することを可能にするだろう」。〈enable ＋ A ＋ to ＋動詞の原形〉「A が〜するのを可能にする」 find out 〜「〜がわかる」
(4) The room was large enough <u>for</u> ten children to sleep <u>in</u>(.) 〈形容詞［副詞］＋ enough for ＋ A ＋ to ＋動詞の原形〉「A が〜するほど十分…」
(5) He is the <u>last</u> person to <u>do</u> such a thing(.) 直訳は「彼はそのようなことを最もしそうにない人だ」。〈the last ＋名詞＋ to ＋動詞の原形〉「最も〜しそうにない（名詞）」

解　答

1. 問1　(1)　イ　　(2)　ウ　　(3)　エ　　(4)　オ　　(5)　イ
　　問2　[①]　エ　　[②]　ウ　　[③]　イ　　[④]　ア　　問3　ウ
　　問4　(a)　grows　　(b)　taught　　(c)　hurried　　問5　ウ　　問6　オ
　　問7　イ
　　問8　3番目，5番目の順　(A)　ア，イ　　(B)　カ，オ　　(C)　エ，カ
　　問9　イ，キ
2. (1)　ア　　(2)　イ　　(3)　ア　　(4)　エ
3. ①，②の順　(1)　コ，カ　　(2)　ケ，イ　　(3)　イ，キ　　(4)　カ，イ
　　　　　　　　(5)　キ，カ
4. (1)　イ　　(2)　ア　　(3)　エ
5. (1)　ウ　　(2)　ア
6. (1)　(例)　I told [showed] her how to buy a ticket.
　　(2)　(例)　That is the bird which [that] comes to my garden every morning.

配点　1　問1・問4　各2点×8　　他　各3点×12（問8・問9は各完答）
　　　　　2　各3点×4　　3　各3点×5（各完答）
　　　　　4　各3点×3　　5　各2点×2
　　　　　6　各4点×2　　計100点

解　説

1.（長文読解（物語文）：語句補充，文補充，語句解釈，語形変化，文整序，語句整序，内容一致）

(全訳)──────

　昔，ビルマに娘を持つ老人がいた。彼は娘が良家 ₁の出の素敵な若者と結婚したので喜んだ。最初は何もかもうまくいったが，しばらくして問題ができた。その若い夫は錬金術師になろうとした。彼は全ての時間を費やして土を金に変えようとした。彼はこのようにすればいつか働かずにお金持ちになれると信じていた。①一日中彼は錬金術師の秘密を発見することを夢見た。彼はまた，自分の夢を実現させる方法を見つけようと，たくさんのお金を使った。このようにして数か月後にはお金が ₂ほとんどなくなった。若い妻は夫と話すことにした。

　「あなた，仕事を探したら？　あっという間にお金持ちになろうとすることで，お金がまったくなくなってしまったわ」と彼女はある日，彼に言った。

　「僕はもう少しで₍₁₎秘密を発見できるんだ，君はそれがわからないのかい！」と彼は答えた。「土

を金に変える方法がわかったら，僕たちは君が想像できないくらいにお金持ちになるぞ！」

彼がいつもあと少しで秘密を発見するところだったというのは本当かもしれない。しかし彼は一度も発見できなかった。何週間も過ぎ，生活はどんどん苦しくなった。家の中に食べ物を買うお金がまったくない日もあった。②そこで若い妻は父親に相談に行った。彼女の父親は，義理の息子が錬金術師になりたがっていると聞いて驚いた。彼は翌日，その若者に対話を申し入れた。

「娘が君の₃計画について私に話してくれたよ」と彼は義理の息子に言った。「私も若いとき，錬金術師になりたかったんだ！」

(2)若者はとても喜んだ。ついに彼の夢を理解してくれる人が現れたのだ。義理の父は若者のやっていることについて尋ね，(A)2人は土を金に変えるさまざまな方法について話し始めた。2時間後，老人はいきなり立ち上がった。

「君は私が若かった頃にしたことを全てやったんだね！」と彼は叫んだ。「君はきっと，もう少しであの偉大な秘密を発見できるぞ。でも土を金に変えるには，もう1つ特別な物が必要だ。しかも私はこれを数日前に知ったばかりなんだ」

「もう1つ特別な物ですか？」と義理の息子が尋ねた。彼は老人と話すことがどんどん楽しくなっていった。

「ああ，そうだ。しかし(B)私は歳をとり過ぎて，この種類の仕事をすることができない」と彼は言った。「それは大変な労働で，私にはもう無理だ」

「僕はできます，お父さん！」と若者は叫んだ。

「うーん，君ならできるかもしれない」と老人が言った。③彼の声が突然静かになった。「よく聞きなさい。その特別な物は，バナナの葉の裏側にできる，銀色の粉だ。これは魔法の粉だ」

「魔法の粉？」と義理の息子が尋ねた。「どういう意味ですか？」

「聞きなさい」と老人が答えた。「この粉を得るにはバナナを植えなくてはならない。たくさんのバナナだ。しかも自分で植えなくてはならない。バナナの種を植えるときには，特別な魔法の言葉を言わなくてはならない。そうすれば植物がₐ育つと，葉に銀色の粉ができる」

「₄どのくらいの魔法の粉が必要ですか？」と若者はすぐに，とても興味深そうに聞いた。

「1キロだ」と老人は答えた。

「1キロ！　そのためには何百ものバナナの木が必要ですね！」

「そうだ」と老人が言った。「だから私は自分でその仕事ができないんだよ」

「心配しないでください！」と若者が言った。「僕がやります！」

そうして，老人は義理の息子に魔法の言葉ᵦを教え，バナナを植え始めるのに十分なお金を若者に渡した。

翌日若者は畑を買った。彼は老人が言った通りにバナナの種を植えた。種が1つ土に埋まるたびに，彼は静かに魔法の言葉を言った。④毎日彼は丁寧に小さな植物の世話をした。彼はバナナにキイロショウジョウバエが1匹も近づかないようにした。バナナができると，バナナの葉から銀色の粉を取り，特別な袋に入れた。バナナの木はすぐに大きくなり，若者は毎日一生懸命働いた。

［※］ᴄ唯一の問題は1本の木にはたくさんの銀色の粉がないことだった。ᴮそこで若者はさらに畑を買ってさらにバナナを植えなくてはならなかった。ᴬ7年かかってついに若者は1キロの銀色の粉を手にした。若者は義理の父の家に走っていった。

「魔法の粉を十分に手に入れました！」と彼は叫んだ。

「素晴らしい！」と老人は答えた。「では土を金に変える方法を君に見せよう！　でもまず，君の妻がここに来なければならない。私たちには彼女も必要なんだ」

彼女が到着すると，老人は自分の娘に「夫がバナナの粉を集めている間，お前はバナナをどうしたのか？」と聞いた。

「市場で売りました」と娘は言った。「(C)私たちは長い間あのお金で暮らしてきました」

「貯金したか？」と父親が尋ねた。

「はい」と彼女が答えた。

「私にそれを見せてくれ」と老人が頼んだ。そこで娘は家に c急いでいき，大きな袋を 10 袋持って戻ってきた。老人が開けると，それらの袋は金で 5いっぱいだった。老人は 1 つの袋から全ての金貨を取り出して床に置いた。そしてバナナの粉を取り出して金の隣に置いた。

「ほら」　彼は義理の息子の方を向いて言った。「(3)君は土を金に変えたのだよ！　つまり，ある意味，君は錬金術師だ。しかも今や君は大金持ちだ！」

問 1　全訳下線部参照。（1）　come from ～「～出身である」　（2）　little ～「～がほとんどない」

問 2　全訳下線部参照。

問 3　直後の文に how to turn dirt into gold「土を金に変える方法」とある。

問 4　(a)　時を表す when 節中の動詞は未来のことであっても現在形で表す。　(b)・(c)過去形にする。

問 5　直後の文参照。

問 6　全訳下線部参照。

問 7　下線部 (C) の直前の文参照。

問 8　(A)　(the two of them) started talking about different ways of trying (to turn dirt into gold.)　start ～ing「～し始める」　talk about ～「～について話す」　way of ～ing「～する方法」〈try to ＋動詞の原形〉「～しようとする」　(B)　(I'm) too old to do this kind of job　〈too ＋形容詞＋ to ＋動詞の原形〉「…すぎて～できない」　(C)　We have lived on that money for a long(time.)　継続を表す現在完了〈have ＋過去分詞〉

問 9　ア　「若者は気難しい性格だったので，他人に決して話しかけなかった」（×）そのような記述はない。　イ　「若者は仕事をせずに大金を得ることができると信じていた」（○）第 1 段落参照。　ウ　「若者と妻は父親から，一緒にバナナを植えるように言われた」（×）第 13 段落参照。　エ　「父親は忙し過ぎてバナナを育てることができなかった」（×）そのような記述はない。　オ　「魔法の言葉を教わったあと，若者は畑を買うために数日待った」（×）第 19・20 段落参照。　カ　「妻は全てのお金を使い，若者のためのお金はまったくなかった」（×）最後の 5 段落参照。　キ　「若者はお金を稼ぐことに成功し，お金持ちになった」（○）最後の 2 段落参照。

2　（長文・資料読解：英問英答，内容吟味）

（全訳）――――――――――――――――――――

店舗の自動清算機の使い方

第1回 第2回 第3回 第4回 第5回 第6回 第7回 第8回 第9回 第10回 解答用紙

1 自動清算機の列に商品を持ってきてください。指定された部分にバスケットを置きます。

2 タッチスクリーンのスタートボタンを押します。

3 自分のバッグを持って来たかどうか確認します。多くの自動清算機では，商品をスキャンする前にバッグを袋詰め台に追加するよう求めます。

4 バーコードを並べてスキャナの赤いライトで商品をスキャンします。スキャンが成功すると電子音が鳴ります。

5 スキャンした各商品は，スキャンしたあと直ちに袋詰め台に置きます。お支払い後まで，商品を置いたままにしてください。

6 完了したら大きな「支払」ボタンを押して，お支払い方法を選択します。一部の自動清算機は現金を受けつけていないため，クレジットカードを使用する必要があります。

7 袋詰め台から商品を移動します。上記の手順を完了する前に，袋詰め台から商品を移さないでください。機械が感知してアラームが鳴ってしまいます。

ヒント

自動清算機を選ぶ前に，列の人々の態度をチェックしてください。くすくす笑っている人や，以前試したことがないかのように緊張している様子の人がいますか？ これは，遅延を意味する可能性があります。不安そうでない顧客を探し，彼らの列に並んでください。

警告

① 窃盗を防ぎ，機械の操作を補助するために，店員が周りにいます。

② 一部の人々は，機械の使用方法を知らないかもしれないので，自動清算機は従来のものよりも長い時間がかかることがあります。

---

(1) 「お客様は商品をスキャンした直後に何をする必要があるか」 使い方の5参照。袋詰め台に商品を置く必要がある。

(2) 「お客様が支払う前に袋詰めプラット台から商品を取り出した場合，何が起こるか」 使い方の7参照。アラームが鳴る。

(3) 「お客様はなぜヒント部分のアドバイスに従うべきなのか」 不安そうでない顧客は自動清算機を使うのが初めてではないため，速いからである。

(4) 「自動清算機の使用に関して，どの文が正しいか」 警告の①参照。店員が自動清算機の使い方に困っている顧客を助けるとある。

---

3 (同意文書き換え・語句整序：比較，接続詞，動名詞，関係代名詞)

(1) The population of Tokyo <u>is</u> larger than <u>that</u> of New York(.) that が population を受けている。キ it が不要。

(2) It's <u>possible</u> that I will <u>have</u> to work (late this Friday.) it's possible ～で「～かもしれない」という意味になる。ア able が不要。

(3) Would you <u>mind</u> taking me <u>to</u> Yokohama Stadium (, please?) Would you mind ～ing? は「～していただけませんか」という意味で，丁寧な依頼を表す。ウ at が不要。

(4) The restaurant <u>Ben</u> is looking for <u>is</u> (on the fifth floor of that building.) Ben is looking for という部分が restaurant を修飾するので，目的格の関係代名詞を使うが，こ

の文では省略されている。キ place が不要。

(5) That is the <u>saddest</u> story I've <u>ever</u> heard(.) 〈最上級＋現在完了の経験用法〉で「～した中で一番…」という意味を表す。ク never が不要。

4 (語形変化・発音)

(1) exam [igzǽm] ／ gave [géiv] ／ ○ swam [swǽm] ／ shut [ʃʌ́t] ／ ○ drank [drǽŋk]

(2) shoes [ʃúːz] ／ brought [brɔ́ːt] ／ lost [lɔ(ː)st] ／ ○ grew [grúː] ／ showed [ʃóud]

(3) breath [bréθ] ／ ○ fell [fél] ／ ○ said [séd] ／ ○ set [sét] ／ ○ slept [slépt]

5 (アクセント)

(1) ウは第2音節，他は第1音節を強く読む。

(2) アは第2音節，他は第1音節。

6 (和文英訳：不定詞，関係代名詞)

(1) how to ～で「～する方法(仕方)」という意味になる。

(2) 「毎朝うちの庭に来る」という部分が「鳥」を修飾しているので，主格の関係代名詞を使う。

関係代名詞

1 主格の関係代名詞

I know *that girl* **who** has a book in her hand.
「私は手に本を持っている少女を知っている」

関係代名詞が主格の代名詞の働きをする。先行詞が〈人〉の場合は who。〈人以外〉の場合は which。また，that はいずれの場合にも用いることができる。

That is a *house* ↑ | **which** was built last week |. 「あれは先週建てられた家だ」

which ～ week の部分は名詞 house を修飾する。修飾される名詞を先行詞という。which は a house を受け，was built に対する主語になっている (which = it)

2 目的格の関係代名詞

This is a *picture* **which** I took in Kyoto. 「これは私が京都で撮った写真だ」
Tell me *everything* **that** you know about him.
「彼について知っていることを全てを教えなさい」

関係代名詞が目的格の代名詞の働きをする。先行詞が〈人以外〉の場合は which。that は〈人〉でも〈人以外〉でも用いることができる。

The boy ↑ | **that** I saw in the park | was Jim. 「私が公園で会った少年はジムだ」

that ～ park の部分は名詞 boy を修飾する。
that は The boy を受け，I saw に対する目的語になっている (that = him)。
▶目的格の関係代名詞は省略できる
I have a book (**which**) he wrote. 「私は彼が書いた本を持っている」

解答

1 問1 エ 問2 ア 問3 ウ 問4 ア 問5 エ 問6 イ
2 問1 イ→ウ→ア 問2 文字 問3 told people how to send e-mail on
　 問4 エ 問5 ウ 問6 オ 問7 famous 問8 イ
　 問9 イ，カ
3 問1 イ 問2 (1) ア (2) イ
4 (1) shadow (2) planet (3) smoke (4) factory (5) interview
5 (1) close (2) pretty (3) park
6 (1) (例) We had to practice hard for the game[match].
　 (2) (例) He has been to foreign countries ten times.
　 (3) (例) I wonder who left it.

配点　1 各4点×6
　　　2 問1・問3・問8 各4点×3　問9 各2点×2　他 各3点×5
　　　3 各3点×3　4 各3点×5　5 各3点×3
　　　6 各4点×3　計100点

解　説

1 (長文問題 (説明文)：英問英答，内容吟味)
(全訳)

　就任期間中，ケネディ大統領は NASA，つまりアメリカ航空宇宙局に全面的に資金を与えた。彼はアメリカ人が月面に降りるのを見たかったので，そうしたのだ。1969 年 7 月，アポロ 11 号のミッションにおいて，3 人の男がケネディの夢を実現させた。彼らを月に送るために何千もの人々が長年働いた。それ以前には 10 のアポロ計画があり，1 つは失敗したが他は成功していた。とうとう，月面着陸に挑戦するときが来た。

　彼らの宇宙船はテキサスのヒューストンにある NASA から出発した。サターン 5 ロケットが宇宙飛行士たちと宇宙船を軌道上に運んだ。彼らは爆風をあげて宇宙空間を時速 25,000 マイルもの高速で進んだ。そのように非常に速い速度でも月に着くのに 4 日かかった。男たちは月面着陸専用に設計された特別な小型船を持っていた。この月面着陸船はイーグルと呼ばれた。

　イーグルが着陸したあと，ニール・アームストロングは月に降り立った。彼が「人間にとっては小さな一歩だが，人類にとっては偉大な一歩だ」と言うのを，世界中の人々がテレビで見つめた。バズ・アルドリンはアームストロングに続いて月面に降りたが，マイケル・コリンズは母船にとどまり，月の周りを回っていた。彼は自分たちを地球に送り届ける宇宙船に異状がないようにし

なければならなかったのだ。

　宇宙飛行士たちは月面を歩き周り，岩を集めたり写真を撮ったりした。彼らは月面でたくさんの実験をした。彼らは去る前に着陸した場所にアメリカの国旗を立てた。その隣には「我々は全人類を代表し，平和のうちに来たる」と書かれた飾り板を置いた。その旗と飾り板は今もそこにある。

　月旅行は一般的になると考える人々もいる。彼らは，月にホテルを建て，そこへ人々を休暇に行かせたいと思っている。もしそうなれば，人々は最初の月面着陸の地を訪れ，写真を撮るだろう。彼らはニール・アームストロングが歴史を作った場所に立つだろう。

問1　「ケネディ大統領は NASA と何がしたかったか」　ア　「NASA を作りたかった」(×)　イ　「演説をしたかった」(×)　ウ　「熟睡したかった」(×)　エ　「月に人を送りたかった」(○)　第1段落第2文の内容に合う。

問2　「アポロ11号のミッションの前にいくつのミッションが成功したか」　ア　「9」(○)　第1段落最後から2つ目の文の内容に合う。　イ　「10」(×)　ウ　「11」(×)　エ　「12」(×)

問3　「月に着くまでどれくらいかかったか」　ア　「時速25,000マイル」(×)　イ　「サターン5ロケットがした」(×)　ウ　「4日間」(○)　第2段落第4文の内容に合う。　エ　「できるだけ速く」(×)

問4　「マイケル・コリンズはなぜ月に降りなかったのか」　ア　「宇宙船を無事に保たなければならなかったから」(○)　第3段落最後の文の内容に合う。　イ　「宇宙船を作らなければならなかったから」(×)　ウ　「何も起こらなかったから」(×)　エ　「円を描かなければならなかったから」(×)

問5　「月の上に残した2つのものは何か」　ア　「岩と写真」(×)　イ　「実験と植物」(×)　ウ　「岩と実験」(×)　エ　「旗と飾り板」(○)　第4段落第3〜5文の内容に合う。

問6　「未来の人々について次のうち本当ではないものはどれか」　ア　「ホテルを建てるために月へ行くだろう」(○)　イ　「ニール・アームストロングとともに歴史を作るだろう」(×)　そのような記述はない。　ウ　「ニール・アームストロングが着陸した場所へ行くだろう」(○)　エ　「ニール・アームストロングが着陸した場所の写真を撮るだろう」(○)

2　（長文読解（伝記文）：文整序，語句解釈，語句整序，語句補充，内容吟味）
（全訳）

　年は1971年である。レイ・トムリンソンはマサチューセッツ州ケンブリッジの彼の職場で座っている。①ィ彼はキーボードでいくつかの文字を打つ。ゥそれから，彼はその部屋の2台目のコンピュータに移動して，モニターを読む。ァ「よし！」彼は今まさにネットワークを通じて1台のコンピュータから別のコンピュータへ最初の電子メッセージを送ったのだ。

　この最初の E メールには何と書いてあったのか？　トムリンソンは覚えていない。それは「qwertyuiop」のようなただの一連の②文字だったかもしれない。彼は2番目のメッセージを覚えている。彼はそれを彼の同僚に送った。③この2番目の E メールの内容は，コンピュータネッ

トワーク上での E メールの送信方法を人々に伝えていた。

　1971 年以前，E メールはなかった。当時は，人々は自分の机の上に小さなコンピュータを持っていなかった。彼らはキーボードとモニターだけを持っていた。それらは全て大きなコンピュータにつながれていた。人々は同じコンピュータにつながっている他の人々にメッセージを送ることだけができた。彼らはネットワークを通じて，他のコンピュータにファイルを送ることができたが，彼らは「話す」ことができなかった。

　この問題を解決するために，トムリンソンは，どんなネットワークででも特定のコンピュータ上の特定の人にメッセージを送る方法を必要としていた。彼は @（アット）マークを選んだ。彼は @ マークを，人々の名前をその人が使っているコンピュータの名前から分けるために使った。@ マークは良い選択だった。このマークはだれの名前にもなかった。ほとんどの人々がそれを使わなかった。④実のところ，タイプライターの会社はキーボードからそれを取り外すことを考えた。今では，@ は毎秒 200 万回使われる。

　トムリンソンの成果にだれも本当に注意を払わなかった。1970 年代には，わずか 500 人ほどが E メールを使った。彼らは⑤職場で事業をするためにそれを使っただけだった。それから，1980 年代に，最初のパーソナルコンピュータが登場した。それらは小さく，あまり高価ではなかった。初めて，人々は⑥家庭にコンピュータを持つことができた。それからインターネットが現れた。間もなく，E メールは通信し合うための一般的な方法になった。今日では，10 億人以上がそれを使う。会社員は 1 日にほとんど 1 時間を E メールに費やす。E メールを 1 時間に 30 ～ 40 回チェックする人々もいる。

　トムリンソンは 1 つのことを申し訳なく思う。迷惑メールだ。迷惑メールはだれもほしがらない E メールだ。そのほとんどは何かを売ろうとする広告だ。⑦毎日の 1,800 億の E メールメッセージの約 70％が迷惑メールだ。E メールを使う人々の数が増えるにつれて，迷惑メールはますます問題になっている。

　たくさんの他の発明家と違って，トムリンソンは⑧有名ではない。ほとんどの人々は彼の名前さえ知らない。しかしながら，この知られていない英雄のおかげで，世界中の人々は数秒でお互いに通信し合うことができるのだ。

問1　（イ）キーボードで文字を打つ→（ウ）2 台目のコンピュータのモニターを読む→（ア）打った通りの文字が送れていたので「よし」と喜ぶ，という流れである。

問2　letter「文字」

問3　(This second e-mail message) told people how to send e-mail on (the computer network.)　tell は〈tell ＋人＋物〉という文型を作る。ここでは「物」にあたる部分が〈how to ＋動詞の原形～〉になっている。〈how to ＋動詞の原形〉で「～の仕方」という意味。

問4　in fact「実は，それどころか」

問5　⑤　空所⑤の直前に do projects「事業をする」とあるので，「職場」であると考えられる。　⑥　1980 年代にパソコンが登場し，「家庭」にコンピュータを持った。

問6　この文の主部は about 70 percent であり，of each day's 180 billion e-mail messages はそれを修飾している。取り除かれている is が動詞で，spam が目的語，という構造の

第1回　第2回　第3回　第4回　第5回　第6回　第7回　第8回　第9回　第10回　解答用紙

第3文型の文である。

問7　空所⑧の直後に「ほとんどの人々は彼の名前さえ知らない」とあるので，「有名では
ない」ということ。famous「有名な」

問8　図の office worker「会社員」は「キーボードとモニターだけを持っていた」（第3段
落第3文）のだから，BとCは「モニター」と「キーボード」である。「それら（＝キーボー
ドとモニター）はすべて大きなコンピュータにつながれていた」（第3段落第4文）のだ
から，Aは「コンピュータ」である。

問9　ア「レイ・トムリンソンは彼の同僚に最初のメッセージを送った」（×）　第2段落
第4・5文参照。同僚に送ったのは2番目のメッセージ。　イ「レイ・トムリンソンは
自分が同僚に送ったメッセージを覚えている」（○）　第2段落第4文参照。　ウ「1971
年以前，多くの人々がメッセージを送るために@を使うことができた」（×）　第3段第
1文・第4段落第4～6文参照。@はほとんど使われていなかった。　エ「1971年以前
でさえ，だれもがネットワークを通じてEメールメッセージを送ることができた」（×）
第3段落第1文参照。Eメールはなかった。　オ「迷惑メールは最初にレイ・トムリン
ソンによって作られた」（×）　トムリンソンが作ったのはEメール。　カ「ほとんどの
人々はトムリンソンを知らないが，彼の発明のおかげで，Eメールによって多くの人々は
お互いに通信し合うことができる」（○）　最終段落参照。

3 （長文・資料読解：語句補充，内容吟味）

（全訳）

10歳以上の男女の余暇活動（2011年）

余暇活動	全体	男性	女性
1日あたりの自由時間（時間,分）	6時間27分	6時間38分	6時間16分
活動的な余暇（時間,分）	1時間14分	1時間28分	1時間4分
参加率			
趣味や娯楽	84.8%	84.8%	84.9%
①スポーツ	63.0%	67.9%	58.3%
学習・自己教育・訓練	35.2%	34.3%	36.1%
ボランティア活動	26.3%	24.5%	27.9%

　これらは，時間の使い方と余暇活動についての，2011年の調査結果だ。それらによると，自
由時間の平均は1日に6時間27分だった。そして，自由時間のうち1時間14分が趣味，スポー
ツ，学習，自己教育，ボランティア活動などの余暇活動に費やされた。

　「スポーツ」の参加率は63.0%だった。男女ともに最も人気のあるスポーツは「ウォーキング」
だった。男性に人気の別のスポーツは「ボーリング」（15.1%）や「ゴルフ」（13.7%）だった。女
性にとってそのようなスポーツは「ボーリング」（10.6%）や「水泳」（9.7%）だった。

　「学習・自己教育・訓練」の参加率は35.2%だった。男性は「コンピュータ等の使用」（14.8%）
と「外国語」（11.0%）を好んだ。女性は「美術と文化」（12.3%）に加え，「料理,編み物等」（12.6%）
を好んだ。

問 1　全訳参照。

問 2　(1)「男性は女性よりも余暇に<u>多くの時間</u>を費やす」　(2)「<u>ボーリング</u>の男性の参加率は女性の参加率より高かった」

4　(語彙)

(1)「何かでさえぎられた光でできる暗い領域」は shadow「影」　例：「東京スカイツリーは通りに長い影を投げかける」

(2)「宇宙で，太陽や他の星の周りを動くとても大きな丸い物体」なので planet「惑星」　例：「火星は太陽系の惑星だ」

(3)「何かが燃えるときにできる灰色や黒色のガス」は smoke「煙」　例：「火のない所に煙は立たぬ」

(4)「機械を使って大量の商品が作られる建物や建物群」なので factory「工場」　例：「私の父は自動車工場で働いている」

(5)「新聞記事やテレビ番組などのために，ある人が自分自身に関する質問に答える会合」は interview「インタビュー」　例：「その女優は昨夜，インタビューで私生活について語らなかった」

5　(語彙：動詞，形容詞，名詞)

(1)「私はこの町に引っ越してきたばかりなので，学校に<u>親しい</u>友人がいません」「部屋から出るときはドアを<u>閉め</u>なければなりません」

(2)「新しいドレスを着たあなたの赤ちゃんはなんて<u>かわいい</u>んでしょう！」「今日は<u>とても</u>寒い。あなたはコートを着るべきです」

(3)「この辺でどこに車を<u>駐車する</u>べきか知りません」「<u>公園</u>へ桜の花を見に行きましょう」

6　(和文英訳：現在完了，間接疑問)

(1)「私たちは～しなければならなかった」は We had to で始めて，「一生懸命練習する」practice hard を続ける。「～のために」は for ～，「試合」は game や match などで表せる。

(2)「これまで～したことがある」なので，〈経験〉を表す現在完了〈have [has] ＋過去分詞〉の文。「～に行ったことがある」は have[has] been to ～ で表す。「外国に 10 回行ったことがある」という内容から，「外国」は foreign countries と複数形で表すことに注意。

(3)　問題文の指示より，「～だろうか」は主語 I で始めて，「～かなあと思う」という意味の wonder を続ける。「だれが置いていった」は間接疑問で表すが，ここでは疑問詞 who が主語になるので，間接疑問の語順は〈疑問詞＋動詞〉となる。「～を置いていく」は動詞 leave で表し，ここでは過去形の left とする。

解 答

1 問1　ア　　問2　for boys whose parents couldn't look after　　問3　ウ
　　問4　エ　　問5　(A) イ　　(B) ウ　　(C) イ　　問6　オ
　　問7　reminded him how important bikes were　　問8　エ　　問9　イ，カ
2 問1　エ→ウ→ア→イ　　問2　(1) エ　　(2) ウ　　(3) オ　　(4) ア
3 ウ，オ，カ
4 (1)　ア　What, these[they]　　イ　How　　(2)　ア　enough to　　イ　so, that
　　(3)　ア　Nothing, as[so]　　イ　more, than　　(4)　ア　are, into
　　イ　made from　　(5)　ア　likes to　　イ　of watching
5 (1)　(例)　How much do I have to pay for the activity?
　　(2)　(例)　If you are free tomorrow, let's go to the movies.

- -

配点　1　問5　各3点×3　　問9　各2点×2　　他　各4点×7
　　　2　各4点×5　　3　各3点×3　　4　各4点×5（各完答）
　　　5　各5点×2　　計100点

解 説

1 （長文読解（紹介文）：内容吟味，語句整序，文補充，語句補充，内容一致）
（全訳）────────────────────────────────────

　ガレージセールに出された古い自転車の何かが，10歳のジャスティン・レボの目を捕らえた。それは20インチのモトクロス用自転車だった。ジャスティンは所有者と話して6ドル50セントに値下げしてもらい，母親のダイアンにその自転車を車の後ろに積むのを手伝ってもらった。家に着くと，彼は自転車を押してガレージに行き，父親に誇らしげに見せた。

　ジャスティンと父はガレージの作業スペースをきれいにし，その古い自転車を棚にのせた。彼らは古い塗装が取れるまでフレームをこすり，明るい色に塗った。壊れたペダルを取り替え，新しい座席をしっかりと取りつけ，ハンドルのグリップを修復した。約1週間でそれは新品のように見えた。

　①すぐに彼はその自転車のことを忘れた。しかし，まさにその翌週に彼はガレージセールでもう1台の自転車を買って修理した。しばらくして，自分がどちらの自転車もあまり使っていない，ということが彼を悩ませた。そして彼は古い自転車に乗ることがあまり好きではないということに気づいた。彼は古くて壊れている物から新しくて役に立つ物を作るという挑戦が好きなのだった。

　ジャスティンはそれらをどうしようか悩んだ。それらはガレージの中で場所を取ってい

た。彼はもっと幼かった頃，キルバーチャン少年の家という大きなレンガの建物の近くに住んでいたことを思い出した。そこは何らかの理由で②親が面倒を見られない少年のための場所だった。

彼は電話帳でキルバーチャンを見つけ，施設長に電話し，施設長は少年たちは2台の自転車をもらって喜ぶだろう，と言った。翌日ジャスティンと母親がホームで自転車を下ろすと，2人の少年が彼らに挨拶しようと競って出てきた。彼らは自転車に飛び乗り，半円の私道の周りを走り始め，ウィリーをしたり，笑ったり，叫んだりした。

レボ家の2人は彼らをしばらく見て，それから車に乗り込んで家に帰ろうとした。少年たちは後ろから大声で「待って！　③自転車を忘れてるよ！」と叫んだ。ジャスティンは，その自転車は彼らが持っていていいと説明した。「彼らは本当に喜んでいました」とジャスティンは覚えている。「彼らは信じられないようでした。彼らが喜んでいるのを見るだけで，僕は良い気分になりました」

家に帰る途中，ジャスティンは④黙っていた。母は彼が満足な気分にふけっているのだと思った。しかし彼はあの自転車が中に運び込まれ，みんなが見たらどうなるのかと考えていた。だれが自転車を手に入れるのかということを子供たちみんなで決められるだろうか？　2台の自転車が多くの問題を引き起こしかねない。実際のところ，自転車を組み立てるのはそれほど難しくなかった。楽しかった。もしかしたら自分はもっとできるかもしれない…

「ママ」　ジャスティンは自宅のある通りに入ってくるときに言った。「僕に考えがある。クリスマスにキルバーチャンの男の子たち全員に自転車を作るよ」　ダイアン・レボは横目でジャスティンを見た。彼がそこまで決然としているのを彼女は見たことがなかった。

彼らが帰宅すると，ジャスティンはキルバーチャンに電話して何人の少年たちがそこで暮らしているか聞いた。21人だった。すでに6月下旬だった。彼には (B)19台の自転車を作るのに(A)6か月しかない。それはほとんど(C)1週間に1台だ。ジャスティンはホームに電話をかけ直し，自分の計画について話した。「彼らは僕がそんなことをできるはずがないと思っていると，僕にはわかりました。でも自分ではできるとわかっていました」とジャスティンは思い出す。

ジャスティンは，自転車を作ることができる最高の公算は，ゼネラル・モーターズやフォードが車を作る方法だとわかっていた。組み立てラインだ。1台の良い自転車を作るのに十分なパーツを生むには3台か4台の古い自転車が必要だろうと計算した。それは60台から80台の自転車ということだ。彼はどこでそれらを手に入れることができるだろうか？

ガレージセールが唯一の望みのように思われた。その時は6月で，夏の間中ガレージセールがあるだろう。しかしたとえ彼がそれほどたくさんの自転車を見つけることができたとしても，どうやって支払うことができるのか？　数百ドルするだろう。

彼はある提案を持って両親のところへ行った。彼の母親が言う。「もっと幼かった頃，ジャスティンは困っている人を助けるためにお小遣いのいくらかをあげていました。ジャスティンが1ドル寄付するごとに彼の父親と私も1ドル寄付したものです。そこで彼は私たちに昔と同じようにできないかと尋ねました。彼が古い自転車を買うのに使う金額と同額を私たちが出してくれないかと。私たちは承諾しました」

ジャスティンと母はガレージセールや中古品店で安い自転車を探して6月と7月のほとんどを費やした。彼らが自転車を家に持ち帰ると，ジャスティンが庭でそれを分解し始めた。

しかし8月の始めまでに彼はなんとか10台を作れただけだった。夏休みはもうすぐ終わりで，

まもなく学校と宿題が彼の時間に食い込んでくるだろう。ガレージセールは寒くなってくるとなくなってしまい，ジャスティンはお金が尽きていた。それでも彼は何か方法を見つけようと決心していた。

_D8月の終わりにジャスティンは休みを取った。近所の人が地元の新聞社に手紙を書いてジャスティンの計画を詳しく伝え，編集者がそれは良い話になるだろうと考えた。彼女は自分の記事の中で見知らぬ子供を助けるために夏休みをささげている少年について称賛し，ジャスティンが自転車とお金を必要としていることを書き，彼の自宅の電話番号を載せた。

_E一晩ですべてが変わった。「電話が100回ぐらいあったにちがいありません」とジャスティンは言う。「人々は僕に電話をかけてきて，古い自転車を引き取りに来てくれないかと言いました。また，僕がガレージで作業していると，ステーションワゴンが止まって，ドライバーが数台の自転車を道路の縁石に置いて行ってくれました。それは雪だるま式に増えました」

_Fクリスマスの前の週に，ジャスティンは21台のうちの最後の自転車をキルバーチャンに届けた。再び，少年たちがホームから競って出てきて自転車に飛び乗り，雪の中を駆け回った。

そしてもう一度，彼らの喜びがジャスティンに刺激を与えた。彼らは⑤彼に自転車が自分にとってどれほど大切か思い出させた。車輪は自由を意味する。自由がほとんどない暮らしをしているこれらの少年たちにとって，自転車に乗れる自由はずっと多くの意味があるにちがいないと彼は考えた。彼は組み立て続けることに決めた。

「最初に僕は母が話してくれた養護施設の子供たちのために11台の自転車を作りました。それから僕はエイズの子供たちのために小さい自転車10台と三輪車を作りました。それからパターソン団地のために23台の自転車を作りました」

ジャスティン・レボは始めてから4年で150台から200台の自転車を作り，そのすべてをあげている。彼は宿題，友達，コイン収集，新しく興味を持つようになった海洋生物学，そしてもちろん自分の自転車のために，時間を残しておくよう注意している。

記者やインタビュアーはジャスティン・レボに何度も同じ質問をする。「⑥なぜ君はそうするのですか？」と。その質問は彼を不快にさせるようだ。それはまるで彼らが彼に自分は何て素晴らしい人間なのかと言わせたいかのようだ。彼らの話はいつも彼を聖人のように見せるが，自分は聖人ではないと彼は知っている。「もちろん，僕が自転車を作るのは良いことです」と彼は言う。「だってそうする必要はないのだから。でも僕はそうしたいんです。ある意味，僕はそれを自分のためにしています。もし自分が幸せな気分になれないなら，他の人を助けることなど何もできないと思います」

「僕の自転車を手に入れた子供が『自転車は本みたいだ。まったく新しい世界を開けてくれる』と言うのを，偶然耳にしたことがあります。僕もそのように思います。その子もそのように感じたと知って，僕は嬉しくなりました。それが僕がそうする理由です」

問1　同段落最終文参照。同じの趣旨のア「彼は自転車を組み立てるという挑戦を終えたから」が適切。

問2　whose は所有格の関係代名詞で先行詞は boys である。look after ～「～の世話をする」for one reason or another「何かの理由で」

問3　ホームの少年たちは, ジャスティンがその自転車を自分たちにくれたとは思わず, ジャスティンが自転車を忘れていると思った。

問4　2つあとの文参照。考え事をしていたので, 黙っていた。silent「静かな, 黙って」

問5　(A)　そのときは6月下旬だったので, 12月のクリスマスまでは6か月。　(B)　21人の少年のために21台の自転車が必要だが, すでに2台プレゼントしているので, 残りは19台。　(C)　空所直前の a は「～につき」を表す。a bike a week で「1週間に自転車1台」という意味になる。

問6　全訳下線部参照。

問7　〈remind ＋人＋間接疑問〉「(人) に～を思い出させる」〈how ＋形容詞〉「どれほど～か」

問8　空所⑥から文末までジャスティン自身が自転車を作る理由を述べていることから, エが適切。

問9　ア「ジャスティンは自転車が捨てられてしまうのを防ぐことが好きだった」(×)　イ「ジャスティンは, キルバーチャン・ホームの少年たちが自転車をとても楽しんでいることに喜んだ」(○)　ウ「ジャスティンは自転車を集めるという挑戦が好きだった」(×)　エ「ジャスティンは自転車を作り続けることに決めた, なぜならどれほど稼ぐことができるか知っていたからだ」(×)　オ「ジャスティンは他の人のために何かをする満足感が大好きだった」(×)　カ「ジャスティンは自転車を修理するだけでなく, 他に多くのことをして自分の時間を過ごした」(○)　空所⑥の直前の段落参照。　キ「ジャスティンは両親にするように言われたので, 他の人々を助けることにした」(×)

2　(長文読解 (説明文)：文整序, 文補充)

問1　「地球の形は常に変化している。これらの変化には様々な原因がある。地下エネルギーに起因するものもある。このようなエネルギーは地震や津波を引き起こすことがある。そしてそのあとにはしばしば, 土地の様子がすっかり異なる。天候が原因で変化が起こることもある。ₑたとえば, 長年雨が降ると, 泥を洗い流して岩の形が変わることがある。ᵤまた, 砂漠では, 風が砂を吹き飛ばして丘の形を変える。ₐ最後に, 水が陸地の形を変えることもある。ᵢたとえば, 川が山を深くえぐることがある。海岸では波が, 海から離れる方向に陸地を動かすことがある」

　　空所の直前に「天候が原因で変化が起こることもある」とあるので, 雨を例にあげているエ, そして Also「また」のあとに風を例にあげているウを続ける。地球の形を変化させる原因として Finally「最後に」と水が原因で陸地の変化が起こることを述べたアを続け, その例として川をあげているイを最後に置く。

問2　「サメに関しては, 多くの神話や誤った考えがある。その一つは, サメは人を食べるのが好きだという考えだ。サメが人間を食べることもあるが, 私たちは実のところ, 彼らの献立表には載っていない。(1)サメは普段は, 魚やアザラシなどの海洋哺乳類を食べるが, 特にその魚や哺乳類が衰弱しているか死んでいる場合である。多くのサメには鋭い歯が複数の列になって並んでいる。歯が抜けると, 別の歯が動いてその穴埋めをする。

ジンベエザメはクジラではなく，地球上で最大の魚だ。クジラはサメより大きいが，哺乳類であり，魚類ではない。ホホジロザメがおそらく人間にとって最も危険だろう。ホホジロは人間を攻撃すると知られる，大型のサメだ。しかしそのような攻撃はまれである。(2)サメが人間を別のものと取り違えたときに攻撃が起きると考えられている。

サメは数千年間地球上に存在しているので，原始的で単純な動物だと思われている。これはもう１つの神話だ。サメは実は大変複雑な生き物である。(3)彼らは強力な嗅覚と鋭い聴覚を持っている。いくつかのサメには，泳いでいる魚の筋肉によって生み出される電流を捕らえる器官が長い鼻についている。サメは大きな脳を持っていて，理解が早い。彼らは記憶力が良く，人間によってしつけもできる。

多くの人がサメは危険だと信じている。このような人の中には，サメがいなければいいと思う人もいる。(4)しかし，サメは人間にとって有益である。サメは船から出る生ごみや海から出る不要物をきれいにしてくれる清掃動物だ。サメは，病気や弱っている動物を食べることによって，他の種の海洋動物が元気でいられるように役立っている」

(1)　直後の「特にその魚や哺乳類が衰弱しているか死んでいる場合」につながる文は，エ。
(2)　直前の「そのような攻撃はまれだ」を説明しているウが適する。　(3)　直前の「サメは大変複雑な生き物だ」につながる内容は，オが適切。　(4)　直後に，サメが清掃動物であることや，他の海洋動物の種が元気でいるのに役立っていることなど，サメの有益性が述べられているので，アが文脈に合う。

3　(正誤問題：現在完了，動名詞，比較，間接疑問，不定詞)

ア　everyone は単数として扱うので，feel に３人称単数現在の s が必要。have[has] gone to ～ は「～へ行ってしまった(だから今ここにいない)」という意味。「ハナコが合衆国へ行ってしまったので，みんな悲しく思っている」という意味の文になる。

イ　〈stop ＋ to ＋動詞の原形〉は「～するために立ち止まる」という意味で，ここでは文意が合わない。〈stop ＋動詞の ing 形(動名詞)〉「～することをやめる」にすると，「ジロウは，ある男性に駅へ行く道を尋ねるために走るのをやめた」という意味の英文になる。to ask は「～するために」の意味を表す副詞的用法の不定詞。

ウ　「何がいちばんあなたの興味を引きましたか？」という意味の英文。動詞 interest は「(人)の興味を引く，～に興味を持たせる」という意味。

エ　「今まで～した中で最も…な A」は，〈the ＋最上級の形容詞＋ A〉のあとに関係代名詞 that を置き，そのあとに〈主語＋ have ever ＋過去分詞〉を続けて表すので，never を ever に変える。「これは私が今まで見た中で最も大きな家だ」という意味の英文になる。

オ　「メアリーは私にその背の高い人が何について話しているのか尋ねた」という意味の英文。what 以下は asked の目的語になる間接疑問で，what 以下は〈主語＋動詞～〉の語順。what は was talking about ～「～について話していた」の目的語になる。

カ　「彼は昨日の夕方，図書館で新聞を読んだ」という意味の英文。「昨日の晩」という過去のことを言っているので，read は過去形。主語が３人称単数でも s はつかない。

キ　easy は「(物事が)簡単だ」という意味なので，「その質問に答えることは私にとって簡単だ」と考え，It is easy for me to answer the question. などと表す。

4 （同意文書き換え：感嘆文，不定詞，接続詞，比較，受動態，動名詞）

(1) 「これらは何と格好いい車でしょう！」→「これらの車は何と格好いいのでしょう！」
感嘆文は〈what ＋（冠詞）＋形容詞＋名詞〉から始まり，主語と述語がそのあとに続くか，
〈how ＋形容詞／副詞〉から始まり，主語と述語がそのあとに続く。

(2) 「彼はこの難しい問題に答えられるくらい頭がいい」→「彼はとても頭がいいので，こ
の難しい問題に答えられる」 ～ enough to …で「…するくらい～だ」という意味になる。
また，so ～ that A can …で「とても～なので A は…できる」という意味になる。

(3) 「健康ほど大切なものはない」→「健康は他の何よりも大切だ」 nothing is as … as
～で「～ほど…なものはない」という意味になる。

(4) 「大豆は豆腐になる」→「豆腐は大豆から作られる」 be made into ～は「～に作られる」
という意味を表す。また，be made from ～で「～から作られる」という意味を表す。

(5) 「ジロウはサッカーの試合を見るのが好きだ」 be fond of ～は「～が好きだ」という
意味を表す。of の後ろに動詞を続ける時は動名詞～ing にする。

5 （条件英作文）

(1) 「あなたは来週の日曜日に開かれるある活動に参加することを計画しています。あな
たはそれにいくら必要か知りたいと思っています。人にどのように尋ねますか？」 値段
を尋ねるときは how much ～ を用いる。「活動のために支払う」は pay for the activity
となる。 should ～ や have to ～ を使って作るとよい。

(2) 「もし～ならば」という意味を表すときは〈if ＋主語＋動詞～〉で表す。相手を誘うとき
は let's ～ や will you ～ ? を使うとよい。

接続詞 that の名詞節

〈目的語になる that 節〉
He knows **that** Tokyo is the biggest city in Japan.
　「彼は東京が日本で最大の都市だ**ということ**を知っている」

〈補語になる that 節〉
The fact is **that** they don't speak English or Japanese.
　「実は，彼らは英語も日本語も話さないのだ」

〈主語になる that 節〉
That he got angry was true.
➡ It was true **that** he got angry.
　「彼が怒った**のは**本当だった」

解　答

1 問1 ④　　問2 ②　　問3 ③　　問4 ④　　問5 ③　　問6 ①
　　問7 ③　　問8 (1) ②　　(2) ④

2 (1) ウ　(2) イ　(3) エ　(4) ア
　　(5) ア　Main Entrance　　イ　Cafeteria　　ウ　30 (th)

3 (1) ウ　(2) ア　(3) イ　(4) オ　(5) イ

4 (1) fastest swimmer　　(2) made me　　(3) during, stay
　　(4) Five years have

5 (1) （例）　What day is it today?
　　(2) （例）　How many parks are there in this city?

配点 1 問1・問4・問5　各3点×3　　他　各4点×6
　　　　 2 各4点×7　　 3 各3点×5　　 4 各4点×4（各完答）
　　　　 5 各4点×2　　計100点

解　説

1 （長文読解（説明文）：語句補充，文整序，内容一致，英問英答）

(全訳)

　世界中の多くの国で菜食主義者の数が増加している。菜食主義者とは肉や魚を全く食べない人のことだ。人は様々な理由で菜食主義者になる。健康上の理由から菜食主義者になる人もいる。動物への関心から菜食主義者になる人もいる。

　「絶対菜食主義者」は菜食主義者の最も厳格なタイプだ。絶対菜食主義者は肉や魚を食べないだけでなく，牛乳や，チーズやバターなどの(1)他の乳製品や，卵も食べない。絶対菜食主義者の中には，動物の革や毛から作られた洋服やアクセサリーを身につけたり使ったりしない人もいる。

　絶対菜食主義者や菜食主義者の中には生の食品しか食べない人もいる。これは，自分たちの食べる野菜や他の食品を調理しないという意味だ。果物しか食べない菜食主義者さえもいる。そのような人々は「果実食主義者」と呼ばれる。

　「乳類摂取の菜食主義」と呼ばれる別のタイプもある。(3)ェこれは，肉，魚，卵を食べないが乳製品は食べるという意味だ。ァ十分なカルシウムを摂取するためにこの食事スタイルを選択する人もいる。ゥ肉や魚は食べないが，乳製品と卵を食べる人は「乳卵摂取の菜食主義者」と呼ばれる。ィ肉を食べないが，魚や他のシーフードは食べ続ける，という人もいる。これらの人々は「魚菜食主義者」と呼ばれる。彼らはたいてい乳製品や卵も食べる。(4)だから魚菜食主義者の食生活は菜食主義者の中でも最も簡単である。実際，魚菜食主義者は本当の菜食主義者ではないと考え

る菜食主義者もいる。

　魚菜食主義者よりさらに柔軟な人々は「緩やかな菜食主義者」と呼ばれる。彼らは常に菜食主義者でいるわけではない。彼らはときどき肉や魚を食べるが，普段は乳卵摂取の菜食主義の食生活に従う。ほとんどの絶対菜食主義者や他の厳格な菜食主義者たちは，緩やかな菜食主義者を菜食主義者(5)として見なさない。

　菜食主義者になることに興味がある人にとって，これらすべての選択肢がある。緩やかな菜食主義者や魚菜食主義者としてスタートし，だんだんと厳しい食生活に移っていく人もいる。しかし，ある食生活を選択することは個人の目標に基づくものだ。動物の権利に関心がある人は絶対菜食主義者や果実食主義者になりたいと思うかもしれない。しかし，単に健康的な食品を食べたいと思う人は，ルールの少ないタイプの菜食主義者の食生活を選ぶかもしれない。他のケースでは，(6)強く健康でいるために少しの肉を食べ続けることが必要だと決める人もいる。

　今の人々は自分が食べていい食品の種類について非常にたくさんの選択肢があるので幸運だ。菜食主義者になるのもならないのも，今や個人の自由だ。そしてもし菜食主義者になったら，どんな種類の菜食主義者になりたいか自分で決めることもできるのだ。

問1　〈other ＋複数名詞〉「他の～」　another は数えられる名詞の単数形を修飾する。

問2　下線部(2)は目的格の関係代名詞で②が同じ用法。①は「～ということ」を表す接続詞，③は主格の関係代名詞，④は so … that ～「とても…なので～」で用いられる接続詞。

問3　全訳参照。(3)の直前に "lacto-vegetarianism" という語が初めて出てくることに着目する。その語の意味を説明する文としてエ. This means that ～ を続ける。

問4　so「そこで，だから」

問5　think of A as B「A を B と見なす」

問6　全訳下線部参照。菜食主義者だが少しの肉を食べる，ということの目的として①が適切。

問7　①　「乳製品を食べる菜食主義者は絶対菜食主義者と呼ばれる」（×）　②　「ほとんどの人が果実食主義者は実際のところ菜食主義者ではないと思っている」（×）　③　「乳類摂取の菜食主義者の食生活を選ぶ理由の1つは，十分なカルシウムを摂取することだ」（○）　(3)の前文およびエ. ア. の内容に一致する。　④　「魚菜食主義者は菜食主義者の最も厳格なタイプだ」（×）

問8　(1)　「絶対菜食主義者がしないことの1つは何か」②「動物から作られた製品を使うこと」　第2段落最終文参照。　(2)　「今の人々はなぜ幸運なのか」④「以前よりも選択肢が多いから」　最終段落第1文参照。

2　（長文・資料読解：英問英答，内容吟味，空所補充）

（全訳）―――

A

ボランティア募集

　ハートビル・パーク・フェスティバルのために，ボランティアが必要です。このフェスティバルは，ハートビル市で8月28日から30日まで開催される予定です。

ボランティアの方々には，初日の朝と最終日の夕方に 3 時間作業をしてもらう予定です。

作業時間：8 月 28 日午前 7 時～午前 10 時／8 月 30 日午後 5 時～午後 8 時

ボランティアの方々は全員，「ボランティアカード」を持つことになります。この特別なカードを公園内にある飲料の自動販売機に入れると，飲み物を無料でもらうことができます。このカードが使用できるのは，フェスティバルの 2 日目のみです。このカードは，フェスティバルの 1 週間前にご自宅にお送りいたします。

日付	作業エリア	仕事
28 日	駐車場	自動車と自転車の出入りを案内します。このエリアのボランティアは，18 才を超えていなければなりません。
28 日	メインの入り口	お客様からチケットを回収し，お客様の手の甲に日付を書きます。
28 日	カフェテリア	ボランティアの方々の作業が終わったら，ボランティアの方々のために食べ物や飲み物を作ります。
28 日	清掃事務局	フェスティバル会場全般の清掃をします。
30 日	駐車場	（28 日と同じ）
30 日	メインの入り口	回収したチケットの合計枚数を確認します。その枚数をフェスティバル事務局に報告します。
30 日	カフェテリア	（28 日と同じ）
30 日	清掃事務局	プラスチック類は青い袋に，食べ物や紙類は赤い袋に入れます。

このボランティアに興味があり，それを楽しみたいという方は，ウェブサイト www.heartvilleparkfes.com にアクセスしてください。あなたに関する情報をお知らせいただき，作業エリアを 2 つ選んでください。何か質問があれば，事務局 678-543-xxx までお電話ください。フェスティバルでお会いしましょう！

B

8 月 10 日水曜日

ケイト (午前 10：35)

> ジャック，フェスティバルでのボランティアの仕事，面白そうね。一緒にやらない？

ジャック (午前 10：38)

> やあ，ケイト。その週末，君と僕は海に行く予定だったと思うけど。

ヒロコ (午前 10：40)

> 私は彼らのウェブサイトを見て，参加することに決めたわ。ケイト，あなたはどこのエリアで作業したいの？

ケイト（午前10：41）

メインの入り口よ。駐車場で作業したかったけど，私は年齢に達していないからそれはできないの。ヒロコ，あなたはどうなの？

ヒロコ（午前10：45）

昨日彼らから来たEメールには，私は最終日に清掃事務局で作業するって書いてあった。私は作業する日付を変えたかったから，たった今事務局に電話したんだけど，初日のすべての作業はもう満員だと言われたわ。

ケイト（午前10：46）

ええと，私の第2希望は，あなたが選んだものとは違うわ。フェスティバルが終わったら，経験したことを話し合いましょうね。

ヒロコ（午前10：50）

いい考えね。

ジャック（午前10：55）

ねえ君たち，待ってよ！　僕は気が変わった。僕も入れて！

---

(1)　「ハートビル・パーク・フェスティバルは何日間続くか。ア～エの中から最適なものを選べ」　ア　「1日」（×）　イ　「2日」（×）　ウ　「3日」（○）　資料Aの第2文参照。8月28日から8月30日の3日間開催される。　エ　「4日」（×）

(2)　「ボランティアたちがもらえる特別なカードについて，正しいものはどれか。ア～エの中から最適なものを選べ」　ア　「すべてのボランティアは，そのカードを買わなければならない」（×）　イ　「ボランティアたちは，フェスティバルの間の1日，お金を払わずに飲み物の自動販売機を使うことができる」（○）　資料Aの第3段落第2文参照。カードを使うと無料で飲み物をもらえる。　ウ　「ボランティアたちがそのカードを使うと，食べ物をもらうことができる」（×）　エ　「ボランティアたちは，それを8月29日にもらうことができる」（×）　資料Aの第3段落最終文（作業内容の表の直前）を参照。カードはフェスティバルの1週間前に自宅に送られる。

(3)　「フェスティバルで作業をするボランティアについて，正しくないものはどれか。ア～エの中から最適なものを選べ」　ア　「ボランティアたちは，2日目には作業をしない」（○）　資料Aの第2段落，および表を参照。作業があるのは初日の8月28日と最終日の8月30日のみ。　イ　「駐車場で作業するボランティアたちは，18才を超えているべきだ」（○）　資料Aの表，28日の「駐車場」の「仕事」の列参照。駐車場担当のボランティアは18才を超えていなければならない。　ウ　「メインの入り口で作業するボランティアた

ちは，お客様に印をつける」（○）　資料 A の表，28 日の「メインの入り口」の「仕事」の列参照。お客様の手の甲に日付を書くということは，印をつけるということである。エ　「ボランティアたちは，フェスティバルの事務局に電話すれば参加できる」（×）　資料 A の最終段落第 1 文参照。ボランティア参加希望の場合は，ウェブサイトにアクセスするように書いてある。事務局に電話するのは，質問がある場合である。

(4)　「最後にジャックが『僕も入れて！』と言ったとき，彼はどのようなことが言いたかった可能性が高いか。最適なものをア～エから選べ」　ア　「ジャックはケイトとヒロコに加わりたい」（○）　資料 B の 10：38 のジャックのセリフでは，ジャックはケイトと海に行く予定であったが，10：55 のジャックのセリフでは，I changed my mind「気が変わった」Let me in「僕も入れて」と言っている。つまり，海に行こうと思っていたが，気が変わってボランティアに参加したくなった。　イ　「ジャックはフェスティバルに客として入りたい」（×）　ウ　「ジャックはフェスティバルのボランティアの作業に興味がない」（×）エ　「ジャックは海に行くことに興味がある」（×）

(5)　「ケイトは参加することを決めたあと，何を書いたか。ア，イ，ウに語句または数字を書け」上の行に Working Area / Date と書かれているので，ア・イには場所，ウには日付を入れる。　ア　資料 B の 10：41 のケイトのセリフを参照。ヒロコに希望のエリアを聞かれて，まず「メインの入り口」と答えている。　イ　資料 B の 10：46 のケイトのセリフを参照。ケイトの第 2 希望はヒロコとは異なるため清掃事務局ではない。また，駐車場は年齢が条件に適さず，メインの入り口は既に第 1 希望にしているため，残ったカフェテリアがケイトの第 2 希望であることがわかる。　ウ　資料 B の 10：45 のヒロコのセリフ，最終文を参照。初日，つまり 28 日の作業はすべて満員である。よって，ケイトは 30 日の作業に申し込んだと思われる。

3　（正誤問題：副詞，前置詞，熟語，受動態，冠詞，接続詞）

(1)　「雨が降っているときにはいつもよりもずっと注意して車を運転しなくてはならないと覚えておきなさい」　× careful → ○ carefully　形容詞ではなく副詞にする。

(2)　「彼は自分で掘った穴に落ちたので皆に笑われた」　× laughed by → ○ laughed at by　laugh at ～「～を笑う」の受動態は be laughed at で，この後ろに by ～「～によって」を置く。

(3)　「ときどき私たちは帰宅する前に市内のイタリア料理店で夕食を食べる」　× have the dinner → ○ have dinner

(4)　「最近，韓国製の車の数が増えている」　誤りなし。

(5)　「信号が赤の間は止まって待ち，信号が青に変わったら進んでよい，ということを皆知っている」　× until → ○ while

4 （同意文書き換え：比較，文型，前置詞，現在完了）

(1) 「彼のクラスの他のどの少年もトムほど速く泳がない」→「トムは彼のクラスの全ての少年の中でいちばん速く泳ぐ人だ」「他のどの A も B ほどは〜ではない」の意味の〈no other ＋名詞の単数形 A ＋ as ＋原級＋ as ＋ B〉から「〜の中で一番…だ」の意味の最上級の文〈B ＋（the ＋）形容詞［副詞］の最上級＋ in［of］〜〉への書き換え。fast の最上級は fastest 。「泳ぐ人」は swimmer 。

(2) 「私は彼からの手紙を受け取ったときに怒った」→「彼の手紙が私を怒らせた」従属節 when 〜から「A を B にする」という意味の第 5 文型〈make ＋ A ＋ B〉への書き換え。make は過去形 made にする。「私」は動詞 make の目的語なので，目的格 me を用いる。

(3) 「あなたはテキサスに滞在している間に乗馬に挑戦しましたか？」→「あなたはテキサス滞在中に乗馬に挑戦しましたか？」「〜する間に」の意味の接続詞 while 〜から，特定期間について「〜の間」を表す前置詞 during への書き換え。書き換えた文の stay は「滞在」の意味の名詞。

(4) 「森先生は 5 年前，新しい家に引っ越して，まだそこに住んでいる」→「森先生が新しい家に引っ越してから 5 年が経つ」〈過去の文＋現在の文〉から「A が〜してから…年になる」の意味の現在完了の継続用法〈… years have passed since ＋主語＋動詞の過去形〉の形への書き換え。

5 （条件英作文：疑問詞）

(1) 曜日を尋ねるときには what day（ of the week）を使う。

(2) 数を尋ねるときは〈how many ＋複数形の名詞〉を使う。

解　答

1　問1　(1)　イ　(2)　ア　(3)　エ　(4)　オ　(5)　オ
　問2　エ　　問3　ウ　　問4　イ
　問5　（例）　I need a smartphone because I have to make contact with my friends in the school brass band. With a smartphone, I can exchange information about practice time, download some music scores and watch some videos of other bands' performances.

2　(1)　②　(2)　③　(3)　⑤

3　(1)　baby　(2)　return　(3)　discover　(4)　wrong　(5)　snow
　(6)　safe　(7)　flag　(8)　equal　(9)　tree　(10)　pay

4　(1)　right　(2)　by　(3)　used　(4)　running　(5)　another

5　(1)　イ　(2)　エ　(3)　ア　(4)　エ　(5)　ウ

配点　1　問5　7点　　他　各3点×8
　　　2　各3点×3　　3　各3点×10　　4　各3点×5
　　　5　各3点×5　　計100点

解　説

1　（長文読解（説明文）：内容吟味，語句補充，英作文）
（全訳）

　少し前までは，多くの親は自分たちの子供に何歳で車の鍵を渡すべきか頭をひねっていた。今日では親は別の難しい問題に直面している。子供は何歳でスマートフォンを持つべきだろうかという問題だ。

　子供たちがより若い年齢でスマートフォンを持つようになるにつれ，その話題はよく聞かれる。インフルエンス・セントラルという調査会社によると，平均して10歳頃に子供たちは最初のスマートフォンを持つ。これは2012年における12歳以下から若年齢化した。インターネットの安全に関する専門家によれば，もっと早くからスマートフォンを持つ子供たちもいる。わずか7歳の小学2年生もいるそうだ。

　非営利組織であるコモン・センス・メディアは，より厳しいルールを提唱する。彼らは子供たちが高校生になってからスマートフォンを持つべきだと言う。自制心や，人と対面して交流する価値について学んだあとにということだ。

　コモン・センス・メディアは，1,240人の親と子供たちを調査し，子供たちの50%がスマートフォンなしには生きられないと言っているとわかった。そしてまた，66%の親が，子供たちがス

マートフォンを使い過ぎていると感じており，52％の子供がそれに同意しているとわかった。約36％の親がスマートフォンの使い方について毎日子供たちと口げんかをすると言った。

　それでは適切な時期をどのように決めるのか？　子供たちからスマートフォンを取り上げるのはスマートフォンのメーカーを喜ばせないだろう。_A子供にスマートフォンを与えるのを長く待てば待つほどより良いだろう。ある専門家は12歳が適切な年齢だと言い，14歳が適切だと言う人々もいた。だれもが同意するのは，遅ければ遅いほど良いということだ。なぜなら，スマートフォンは，学校の宿題の時間をつぶしてしまったり，いじめや子供の虐待問題を引き起こしたりする習慣をもたらし得るからだ。

　人間の健康面についても考えるべきだ。衝動をコントロールする脳の一部である前頭葉は，人が25歳頃になるまで成長する。(1)その理由によって，親は，スマートフォンを持っている幼い子供たちが自分自身をコントロールできなくても驚くことはない。

　スマートフォンは間違いなく役に立つ。スマートフォンを持っていれば，子供たちは勉強に使う教育上のツールや，友達と連絡し合うおしゃべり用のアプリなどの強力なアプリを得ることができ，ウェブ上のたくさんの情報も得ることができる。

　(2)けれども，スマートフォンを持つと，悪いゲームや暴力的なアプリやソーシャルメディア用のアプリに一歩近づくことにもなる。それらにおいて子供たちはしばしばいじめられる。年長の子供たちですら安全ではない。去年コロラド高校において，少なくとも100人の生徒が携帯電話で自分自身の不快な写真を交換したために捕まった。

　スマートフォンとインターネットの安全性に関する本を書いたワインバーガー氏は次のように言った。「結局，このような悪い点は良い点よりも強力です。子供たちにスマートフォンを与えなくても，子供にはコンピュータやタブレット型端末を使う機会があります。スマートフォンとの大きな違いは，スマートフォンはどこでも子供たちと一緒にあることで，それは親たちのコントロールがきかない場所をも含むのです」

　子供たちがスマートフォンを持った時に安全に保ってくれる電話の設定がある。アップルには，親たちが子供の電話をコントロールできるようにする機能がたくさんある。(3)たとえば，アダルト用のコンテンツを遮断したり，電話上のデータを使うことをやめさせたりする。

　アンドロイドの電話には，同じようなあらかじめ組み込まれた，親たちがコントロールできる設定はない。(4)けれども，グーグル・プレイのアプリストアには，親たちが制限を加えられる多くのアプリがある。ワインバーガー氏はクストディオのアプリに言及した。それは，親たちが子供たちのテキスト・メッセージを見張ったり，1日のうちのある時にアプリを止めたり，他の場所からスマートフォンをシャットダウンさせたりすることができる。それは子供のスマートフォンを管理するには大変厳しい方法だが，ワインバーガー氏は親としての自分の役割は，子供に好かれようとすることではないと言った。彼女はこう言った。「私の親としての仕事は，あなたが巣立つときにそなえてあなたを準備させることです。だから私はあなたを安全に保たねばなりません。そしてあなたは私が言うことのいくつかを気に入らないかもしれませんが─_Bそれでいいのです。」

問1　(1)　「年齢とスマートフォンの関係についてどれが正しいか」　ア　「10歳の誕生日

のすぐあとにスマートフォンを得る子供はほとんどいない」（×）　イ　「今日では子供た
ちがスマートフォンを得る年齢は次第に若くなりつつある」（○）　第2段落の内容に合
う。　ウ　「多くの国々では子供たちは12歳でスマートフォンを持つことが許される」（×）
エ　「親たちは7歳の子供のためにスマートフォンを買うべきだ」（×）　オ　「親たちの
66パーセントは子供たちにいつスマートフォンを与えるべきか今もわからない」（×）
　(2)　「スマートフォンの良い点についてどれが正しいか」　ア　「スマートフォンは子供
たちに情報に満ちた世界とコミュニケーション用のツールを与えられる」（○）　第7段落
の内容に合う。　イ　「スマートフォンはすべての使用者の学校の成績を上げられる」（×）
ウ　「スマートフォンは強力なアプリであなたの健康を向上させられる」（×）　エ　「ス
マートフォンは子供たちが論理的な思考の技術を成長させるのに役立つ」（×）　オ　「ス
マートフォンは学校でよく見られる問題から子供たちを救うことができる」（×）
　(3)　「コモン・センス・メディアはこの記事で何と言っているか」　ア　「調査を受けた
親たちの半分以上は，スマートフォンの使い方について子供たちとよく話すと言っている」
（×）　イ　「調査を受けた子供たちの半分未満は，自分たちがスマートフォンを使い過ぎ
ていると思っている」（×）　ウ　「ほとんどの子供たちはスマートフォンのない生活を想
像できないと言っている」（×）　エ　「高校生の子供たちは，人と直接話すことの大切さ
を知ったあとにスマートフォンを持つべきだ」（○）　第3段落の内容に合う。　オ　「高
校生は自分をコントロールする方法を知らないので，スマートフォンを持つべきでない」
（×）
　(4)　「ワインバーガー氏は何を言いたいのか」　ア　「彼女は自分の子供が早く成長して
家から出ていってほしいと思っている」（×）　イ　「親たちが子供を安全に保てるので，
子供たちはスマートフォンを持つべきである」（×）　ウ　「親たちが子供のスマートフォ
ンをコントロールするために，スマートフォンのメーカーはより多くのアプリを作るべき
だ」（×）　エ　「彼女は子供のスマートフォンの機能とアプリを制限するのが好きでない」
（×）　オ　「スマートフォンは時にコンピューターやタブレットほど安全ではない」（○）
第9段落の内容に合う。
　(5)　「この記事の最も合うタイトルはどれか」　ア　「対人で交流する価値」（×）　イ
「親用のコントロール設定の使い方」（×）　ウ　「子供たちがスマートフォンを使う利点」
（×）　エ　「私たちの脳におけるスマートフォンの影響」（×）　オ　「子供たちがスマート
フォンを持つのにふさわしい年齢」（○）　この文章は子供たちがいつスマートフォンを持
つべきかについて語っている。
問2　ア　「子供にスマートフォンを遅く与えるほど，子供たちはより不幸になる」（×）
　イ　「子供にスマートフォンを早く与えるほど，子供たちはより幸福になる」（×）　ウ
「子供にスマートフォンを与えるのをより長く待つほど，より良くない」（×）　エ　「子供
にスマートフォンを与えるのをより長く待つほど，より良い」（○）　2つあとの文参照。
later was safer とある。
問3　全訳参照。
問4　ア　「それは良くない」（×）　イ　「それでOKだ」（○）　最終段落第3文以降参照。

ウ 「それは信じがたい」（×）　エ 「それは快適でない」（×）

問5　自分自身の意見を具体例や理由を混えて書くことに注意する。あまり難しい英文を書こうとせず，シンプルな文章を心がけるとよい。このような問題では，文法的なミスや単語のスペルミスなどを減点されることが多いので，書いたあとには必ず見直すようにする。

② （正誤問題：代名詞，分詞，現在完了）

（全訳）

(1)　ノアの死後，何年も経ち，世界ではだれもが1つの言語を話していた。人々はとても素晴らしい土地で暮らしていた。きれいな水と豊かな土壌があった。家族が増え，多くの人がこの美しい土地で暮らしていた。

①人々は土からレンガを作る方法を学んだ。②彼らはレンガを作るために火を使った。③レンガは冷えると，とても硬くなった。④人々はこれらのレンガを使って家を作った。

⑤そして彼らは言った。「我々はレンガを使って大きなものを作ることができる。街を作って高い塔を建てよう。この塔の頂上は天国に届くだろう」　この街はバベルと呼ばれた。

(2)　人々は一生懸命，塔を建てた。来る日も来る日も，彼らは大きなレンガを塔に積んだ。「この塔はどんどん大きくなっているぞ」と一人の男が言った。しばらくすると，塔は雲の中にそびえていた。

①人々はその高い塔を誇らしく思った。「我々は素晴らしいぞ」と彼らは言った。②「我々は神と同じことができる」

そのとき，神が天国から街に降りてきた。③彼は人間によって建てられた塔を見に来たのだ。その塔はとても高かった。天国に届きそうだった。神は不安になった。

④人々の言語は1つだったので，一緒に多くのことをすることができた。彼らは1つの民族だった。⑤彼らはすばやく簡単に計画を立てることができた。神は天使たちに言った。「彼らの言語は1つなので，何でもできてしまうだろう。彼らは我々のようになるだろう」

彼らは自信過剰だった。この過信が彼らの間違いだった。

(3)　①神は彼らをとめさせる案を思いついた。彼は言った。「私は彼らの言語を混乱させよう，そうすれば彼らはお互いに理解しあえなくなるだろう」

突然，彼らは異なる言語を話し始めた。「あなたは何と言っているのですか？」と一人の男が隣の人に言った。「私はあなたの言うことがわかりません！」　街のだれもが同じ経験をした。②もはやだれも近くの人の言うことを理解できなかった。

③バベルの人々は一緒に塔を建てることを続けられなくなった。④そのためバベルの街と塔は決して完成しなかった。

人々は世界の異なる場所に住んだ。⑤それ以降，世界にはたくさんの言語がある。

(1)　②の it は①の文の bricks を受けるものなので them とする。

(2)　③の「塔」は「建てられる」ものなので build ではなく built とする。

(3)　⑤の were を have been とする。世界に多くの言語があるのは過去の出来事ではなく，それ以降現在まで続いていることなので現在完了で表す。

第1回　第2回　第3回　第4回　第5回　第6回　第7回　第8回　第9回　第10回　解答用紙

3 （語彙）

(1) 「まだ話したり歩いたりしないとても幼い子供」は baby「赤ちゃん」

(2) 「以前いた場所に戻ること」は return「戻る，戻ること」

(3) 「偶然，もしくは探していたので，だれかや何かを見つけること」は discover「発見する」

(4) 「正しくない，もしくは真実ではない」は wrong「誤っている」

(5) 「雨のように降ってくる凍った水の柔らかく白いもの」は snow「雪」

(6) 「危害を加えらされたり，なくされたり，盗まれたりする危険がない」は safe「安全な」

(7) 「国や組織を示す絵がある布」は flag「旗」

(8) 「何か他のものと大きさ，数，量，価値が同じこと」は equal「等しい，等しいもの，～に等しい」

(9) 「枝や葉があり，何年も生きるとても背が高い植物」は tree「木」

(10) 「買ったものやサービスに対してだれかにお金を与えること」は pay「支払う，支払」

4 （語句補充：前置詞，熟語，動詞，代名詞）

(1) (a) right now「今すぐ」 (b) 「正しい，適切な」

(2) (a) by means of ～「～によって」は手段を表す。 (b) stand by ～「～の味方をする」

(3) (a) be used to ～ ing「～するのに慣れている」 (b) 「中古の」

(4) (a) 現在進行形の文。run「～を経営する」 (b) 〈keep ＋ A ＋ ～ing〉「A を～している状態に保つ」 run「（機械などが）動く」

(5) (a) 「さらに～」 (b) 「別のもの」

5 （同意語句）

(1) shake off「～を振り払う」 get out of ～「～から抜け出す」

(2) as a matter of fact「実際のところ」 to tell the truth「本当のことを言えば」

(3) keep out of ～「～に近づかない」 stay away from ～「～から離れている」

(4) turn a deaf ear to ～「～に耳を貸さない」 refuse「～を断る」

(5) better than anyone else「他のだれよりも上手だ」 second to none「だれにも負けない」

解答

1 問1 エ　　問2 ウ　　問3 イ　　問4 ウ　　問5 イ　　問6 ア

2 問1 4　　問2 2　　問3 (1) shell(s)　　(2) pictures　　(3) different
(4) without　　問4　(例) too heavy [difficult / hard] to carry for a long time

3 (1) イ　　(2) ウ　　(3) ア　　(4) イ　　(5) ウ　　(6) イ　　(7) ウ　　(8) エ
(9) ア　　(10) イ

4 (1) if I　　(2) way(s) of　　(3) made it, for　　(4) don't agree [say no]

5 (例)　A I agree that we should introduce Artificial Intelligence to our daily lives.
AI can do various kinds of complicated tasks automatically and correctly, and it
makes our lives easier and more comfortable. (32 語) ／ I disagree with this idea.
Introducing Artificial Intelligence to our lives means we allow machines to learn
our skills and abilities and take them over. We will possibly be under control of
AI. (33 語)　　B I agree that young children should learn English. If children
start learning English at a very young age, they will be able to use English better
when they grow up. (30 語) ／ I disagree. Children should focus on their mother
language at a young age. They should master their mother language to develop
logical thinking. Learning a foreign language comes after that. (30 語)　　C I
agree. It is good for all high school students to take part in club activities. They
can make friends and learn how to get along with others outside of the classroom.
(32 語) ／ I disagree. Students can get benefit from school club activities, but that
doesn't mean all of them should join one of those activities. Some want to do a
part-time job, and others want to have enough time for their hobbies. (40 語)

配点
1 各3点×6
2 問4　6点　　他　各4点×6
3 各3点×10　　4 各3点×4 (各完答)
5 10点　　計100点

解 説

1 （長文読解（説明文）：内容吟味，語句補充）

（全訳）

　自動運転の電気自動車の路上試験がアメリカの都市で行われている。コンピュータとソフトウェアの巨大企業や有名な自動車メーカーが，数百万ドルを研究に投じてきた。彼らは皆，自動運転の電気自動車を一般大衆に最初に売りたいと思っている。

　雑誌や新聞は，その新しい車がどれほど素晴らしいかを人々に語り続けている。その車は環境を守り，事故を防ぎ，通勤通学の方法や買い物の方法を変えるだろう。ある自動車メーカーが主張するように，自動運転の電気自動車は 5 年以内に路上に現れるだろうか？　コンピュータ制御の電気自動車に，なぜ人や政府はそれほど関心を持つのだろうか？　素晴らしい理由の 1 つは，(A)安全性だ。

　アメリカでは 1 年に 35,000 人以上が交通事故で亡くなり，さらに数百万人がけがをする。それらの事故のほとんどは，無謀で気の散った運転手によって起こされる。より安全な車を作り，運転手に責任感を持たせる方法を見つけるという，技術的解決手段が大いに必要とされている。

　(B)安全でない車によって起こされる事故もあるが，ほとんどは (C)悪質な運転手によるものだ。運転手は飲酒したり，ドラッグを使ったり，携帯電話でメッセージを送ったり，とても疲れている時に運転したりする。高速道路上で運転手の注意を道路からそらすものは何でも，致命的になりうる。優秀な運転手でも過信してミスをする。解決策の 1 つは，コンピュータに車を制御させることだ。コンピュータは気が散ったり，過信したり，疲れすぎて運転できなくなったりすることはない。

　事故が少なくなると，健康保険や自動車保険や病院費用が数十億ドルも節約されるだろう。安全な自動運転の車に乗って通勤するので，公共輸送機関の問題も解決される。電気自動車が障がいのある人を自宅で乗せることができれば，障がいのある人が電車やバスに乗る心配をする必要がなくなる。電気センサーがあれば，多くの車が混みあった集団の中で走ることができる。これで高速道路の交通問題がなくなる。駐車場の必要もなくなる。毎日何時間も何もせずに駐車されているだけの数百万台の車がなくなるだろう。運転できない年齢の子供たちやしっかりとした運転のできないお年寄りでも自動運転の車でどこへでも出かけられるので，年配者が高齢で運転できなくなるという心配もなくなる。事故が減り，憂慮すべき危険な運転手が減れば，警察は重大犯罪を解決できるようになる。自動運転の車に座っていれば，人々は仕事をしたり，話したり，眠ったり，景色を楽しんだりできる自由な時間を多く得られるだろう。

　数千万台のガソリン車が路上からなくなれば，環境に恩恵を与えるだろう。ガソリン車に対する需要は残るだろうが，あらゆる車が日々環境に与える汚染はなくなるだろう。自動運転の電気自動車には，人々に語られているより多くの恩恵があるだろう。同時に多くの問題もあり得る。

　ハッキングは大きな問題だ。頭の良いハッカーたちは，数百万台ものコンピュータ制御の車にどんなことをするだろうか？　ハッカーは，私たちがどこに住み，いつ家を出て，いつ帰宅し，どこに行こうとしているかを知るだろう。ハッカーは車をコントロールし，事故や渋滞を起こすこともできる。乗員（運転手はいないので）は乗り物に対する制御を取り戻すことはできないだろう。テロリストが自動運転の車に爆発物を積み，望むところへ行かせるようプログラムするこ

とさえ可能だ。方向や目的地を変えることができない車に乗りたいと思う人がどれほどいるだろうか？

　コンピュータを持っている人ならだれでも，コンピュータが故障することを知っている。しかしノートパソコンが壊れても，あなたは橋から落ちたり木に衝突したりしない。タブレットやノートパソコンが壊れたら，修理に出すか新しいものを買う。車のコンピュータを修理するために人を呼ぶことはできるのだろうか？　高速道路を走っているときに車のコンピュータが壊れることがあるだろうか？

　自動運転の電気自動車があれば，事故がもはや起こらなくなるのだろうか？　もちろん違う。事故が起こり，人がけがをしたり所有物が壊されたりしたとき，だれが責任を取るのか？　その車を作った会社だろうか？　ソフトウェアを作った会社だろうか？　乗員だろうか？　あなたの家族を道連れにして湖に落ちるか，目の前で道路を横断している学童たちの集団を轢くか，そのどちらかを選ぶという生死に関わる決断を，コンピュータはすることができるのだろうか？　コンピュータはどうやって瞬時に重要な決断を下すのか？

　どんな気候の中でも車は作動するのか，あるいは悪天候は車のセンサーに影響するのか？

　これらは，自分たちの将来の一部として自動運転の電気自動車を受け入れる前に，問わねばならない疑問点のいくつかである。この自動運転の電気自動車という考えが現実になる前にも，何百万もの人々が実現を望んでいるに違いない。技術が存在する，あるいは存在しかかっているからと言って，その技術が社会に利益をもたらすとは限らない。さらに多くの疑問点が解決されなくてはならない。

問1　ア　（×）「大手運輸会社」とは書かれていない。　イ　（×）「売り上げ第1位」とは書かれていない。第1段落最終文には，「自動運転の電気自動車を一般大衆に最初に売りたい」とある。　ウ　（×）「顧客から催促されている」とは書かれていない。　エ　（○）第4段落の最後の文の内容に合う。

問2　全訳参照。

問3　ア　（×）文中に書かれていない。　イ　（○）第3段落の内容に合う。　ウ　（×）文中に書かれていない。　エ　（×）文中に書かれていない。

問4　ア　（○）第5段落第8文の内容に合う。　イ　（○）第5段落第3文の内容に合う。　ウ　（×）「共有できる」とは書かれていない。　エ　（○）第5段落第9文の内容に合う。

問5　ア　（×）「爆発物を用いずとも」とは書かれていない。　イ　（○）第7段落第5文の内容に合う。　ウ　（×）「家庭のパソコンがつながっている」とは書かれていない。　エ　（×）「一度に何百万台も制御できない」とは書かれていない。

問6　ア　（×）文中に書かれていない。　イ　（○）第9段落第7文の内容に合う。　ウ　（○）第9段落第3～6文の内容に合う。　エ　（○）第10段落の内容に合う。

2 　（長文読解（説明文）：語句補充，内容吟味，要旨把握，英問英答）

（全訳）

　昔，人々はお金を使っていなかった。彼らはどのようにしてほしいものを手に入れたのだろうか？　彼らは他の人にものを与えてほしいものをもらっていた。たとえば，塩は食べ物を新鮮に保つために使っていたのでとても重要だった。もちろん，塩を入れれば食べ物の味も良くなった。人々は塩を，くつ，道具，食べ物のような必要なものと取引していた。このような種類の取引は「物々交換」と呼ばれている。

　物々交換は常にうまくいくとは限らない。人々は(B)違ったときに(A)違ったものが必要になる。たとえば，くつ屋が米をほしければ，米農家を訪れることができる。しかし，米農家では新しいくつは必要としていないかもしれない。米農家が新しいくつをほしくないのであれば，くつ屋は自分が必要なものを手に入れることはできないのだ。

　後に，人々は物々交換をやめて，取引に美しいものを使うようになった。それらはプロト・マネーと呼ばれた。「プロト」とは「最も初期の」という意味なので，それは最も初期の種類のお金だった。プロト・マネーの例は，貝殻，動物の皮，そして金属である。たとえば，アメリカ先住民は貝殻の一種をお金として使っていた。彼らはそれを 'wampum（貝殻玉）' と呼んでいた。彼らは 'wampum' を首にかけていた。もう1つよく使われた貝殻はコヤス貝だった。コヤス貝はインド洋原産で，白くてとても美しかった。それらは中国からアフリカまで，多くの国々でお金として使われていた。

　エジプト人は金と銀をお金として使っていた。それから，いくつかの国では金属の硬貨を作り始めた。最初の金属の硬貨は3,000年近く前にトルコで作られた。彼らは金属に絵柄をつけるために特殊な道具を使った。後に，アフリカやヨーロッパで硬貨が使われるようになった。やがて硬貨は世界で最もよく使われるお金となった。

　最初，硬貨には動物や植物の絵柄があった。アレクサンダー大王は硬貨に自分の顔を入れた最初の人物だった。アレクサンダー大王は2,000年以上前にマケドニア王国に生きていた。彼は多くの戦いを行って勝利した王様だった。彼の硬貨はマケドニア王国のすべての人によって使われた。

　硬貨の問題は，長時間持ち歩けるほどの軽さではないことだった。中国人が1,000年以上前に初めて紙幣を使い始めた。紙幣の方が軽かったので，硬貨よりも運びやすかった。ずっとあとになって，ヨーロッパでも紙幣を使うようになった。お金があまりに汚れれば，古いお金を新しいお金と交換することができた。紙幣を金や銀と交換することもできた。

　今日，私たちには今も紙幣と硬貨があるが，多くの人々はものを買うのにクレジットカードも使っている。店でクレジットカードを使うと，カード会社が代わりにお金を支払い，月末に返済しなければならない。クレジットカードでお金を使うのはとても簡単なので，中にはお金を使いすぎて返済できない人もいる。紙幣と硬貨を使う人の方が出費は少ない。

　お金は物々交換の頃からずいぶん変わってきた。すでに，いくつかの国ではスマートフォンでものを買うことができる。将来，お金はどうなると思うだろうか？　あなたは将来も人々はまだ紙幣と硬貨を使うと思うだろうか？

問1　全訳参照。　物々交換がうまくいかない場合の説明。場合によって必要なものやほしいものも異なるので，必ずしもうまく交換できるとは限らないということを述べている。

問2　1 「最初に硬貨を使った人物はアレクサンダー大王だった」（×）　第5段落第2文参照。硬貨に自分の顔を入れた最初の人物がアレクサンダー大王。　2 「中国の人々はおよそ1,000年前にコヤス貝をお金として使い始めた」（×）　コヤス貝の使用については第3段落最後の3文に書かれているが，中国で使い始めたという記述はない。第6段落第2文に1,000年以上前に中国で紙幣の使用が始まったことが書かれている。　3 「クレジットカードを使う人はときどきお金を使いすぎる」（○）　第7段落第3文の内容に合う。4 「今日の人々は金貨と銀貨を使うことを最も好む」（×）　今日の人々が金貨や銀貨を好むという記述はない。　5 「'wampum' とはアフリカで使われた最初のお金である」（×）第3段落第5・6文参照。'wampum' を使っていたのはアメリカ先住民。アフリカで最初に使われたお金が 'wampum' であるという記述はない。　6 「昔，塩は人々にとってとても大切なものだったので，いつでも他の食べ物と交換することができた」（×）　塩が食べ物などと交換されていたことは第1段落に書かれているが，常に交換できたとは書かれていない。　7 「昔は，人々はほしいものを手に入れるのに動物の皮や貝殻を使っていた」（○）　第3段落第4文に，初期のお金の例として動物の皮と貝殻があげられている。

問3　（要約文の全訳）　昔，人々はお金を持っておらず，他の人々とものを交換していた。それは物々交換と呼ばれていた。アメリカ先住民は (1)貝殻でできたお金を使い始めた。彼らのお金はネックレスのように見えた。後に，トルコの人々が硬貨を作ったが，それには (2)絵柄がつけられていた。硬貨には問題があったので，中国の人々は初めて紙幣を作った。それから，ヨーロッパの人々がこの種類のお金を使うようになった。私たちが今日使うお金は昔のお金とは (3)違う。クレジットカードを持っていれば紙幣や硬貨 (4)なしで買い物をすることができる。いくつかの国では，ものを買うときにスマートフォンが使われている。お金は将来変わるかもしれない。

問4　質問は「硬貨の問題とは何だったか」という意味。硬貨の問題点については，第6段落第1文に「長時間持ち歩けるほどの軽さではないことだった」と書かれている。この内容を，too ～ to … 「…するにはあまりに～」を使い，「硬貨は長時間持ち歩くにはあまりに重たかった」などの内容の英文で答える。heavy の代わりに difficult, hard などでもよい。

3　（語句補充：現在完了，動詞，時制，代名詞，動名詞，文型，分詞，形容詞，副詞）

(1) 「先週から学校の前に白い車がある」　文末に since last week があるので，〈There ＋ be 動詞＋主語（＋場所）.〉「（…に）～がある」の be 動詞の部分を現在完了にする。

(2) 「私たちはみんなサッカーを見るのが好きだが，私の友達の一人はサッカーをしない」〈one of ＋名詞の複数形〉「～のうちの一人（一つ）」は単数なので，doesn't が適切。

(3) 「あなたは自分が何者だと言えるのですか？」　say ～ about yourself「自分自身について～と言う」の「～」が疑問詞 what になり，文頭に置かれている。

(4) 「トムは彼のお父さんが戻ってきたら出発するだろう」〈when ＋主語＋動詞〉の動詞

部分は，未来のことであっても現在形で表すので come back となるが，文の主節は未来時制になるので will leave となる。

(5)　「私が言う必要があるのは以上だ。ほかに言うことは何もない」 nothing to ～は「～すべきことが何も（…ない）」という意味。　イ　anything は，I don't have anything ～と否定文に続ける場合は英文として成り立つ。

(6)　「昨夜あの UFO を見たことを決して忘れないだろう」〈forget ＋ ～ing〉で「（過去に）～したことを忘れる」という意味。〈forget ＋ to ＋動詞の原形〉は「（これから）～するのを忘れる」という意味になるので，文脈とそぐわない。

(7)　「私はあなたの誕生日に本をあげるつもりだ」〈give ＋人＋物〉で，「（人）に（物）を与える」　エは，for you ではなく to you ならば正しい。

(8)　「私に X で始まる単語を教えて」 begin with ～「～で始まる」を，現在分詞の形にして，a word を後ろから修飾している。

(9)　「彼は財布をなくし，それが見つかる希望はほとんどない」 hope of ～「～するという希望」の hope は数えられない名詞なので，many や few を用いることができない。〈little ＋数えられない名詞〉「ほとんど～がない」

(10)　「あなたは始発電車に乗るために，もっと早く家を出るべきだ」 fast(er)「（速度が）速い」，early(earlier)「（時間が）早い」，quick「（動きが）素早い」，soon(er)「（動作が完了するまでが）早い」という意味の違いがある。

④　（同意文書き換え：接続詞，名詞，不定詞，動詞）
(1)　「窓を開けてもいいですか？」 →「もし私が窓を開けたら気にしますか？」「もし～ならば」という意味を表すときは〈if ＋主語＋動詞～〉で表す。

(2)　「あなたはコンピュータの使い方を知っていますか？」〈the way of ＋名詞［動名詞］〉で「～の方法」という意味になる。

(3)　「台風のせいで文化祭を開くことができなかった」 →「台風は，私たちが文化祭を開くことを不可能にさせた」〈make it ＋形容詞＋ for ＋人＋ to ＋動詞の原形〉「（人）が～するのを…にする」

(4)　「私はあなたの考えに反対だ」 →「私はあなたの考えに賛成しない」 don't agree to ～は「～に賛成しない」という意味を表す。　say no to ～「～に反対する」も可。

⑤　（条件英作文）
（解答例訳）　A　（賛成）「私は人工知能を私たちの日常生活に導入するべきであることに賛成だ。AI は様々な種類の複雑な仕事を自動的に正確にすることができ，私たちの生活をさらに楽に快適にする」（反対）「私はこの考え方に反対だ。人工知能を導入することによって，機械が私たちの技術や能力を学び，それらを乗っ取ることになる。私たちは AI の管理下に置かれてしまうかもしれない」 B　（賛成）「私は小さな子供たちが英語を学ぶべきだということに賛成だ。子供が非常に幼い歳で英語を学び始めれば，彼らが成長したときに英語をより上手に使うことができる」（反対）「私は反対だ。子供たちは幼いときは母語に集

中すべきだ。彼らは論理的思考力を育てるために母語を身につけるべきだ。外国語の学習はそのあとだ」　C　（賛成）「私は賛成だ。すべての高校生が部活動に参加するのは良いことだ。友人を作ることができるし，教室の外で，他の生徒とうまくやる方法を学べる」（反対）「私は反対だ。生徒は部活動からのメリットを受けることはできるが，だからと言って全員が部活動に参加するべきだという意味ではない。アルバイトをしたい者も趣味に十分な時間を持ちたい者もいる」

　　まずは賛成か反対かを最初の 1 文で示すが，動詞 agree や disagree は，その後ろに that 節を続けることもできるため，I agree[disagree] that ～ と始めても良い。次にその根拠・理由を述べる。賛成である場合は，1 文目で示した意見が実現した場合のメリットを述べ，反対である場合は，自分が反対する意見が実現してしまった場合のデメリットなどを，根拠として述べるとよいだろう。

接続詞　if・when

〈名詞節になるもの〉
Do you know **if** Mary *will come* to the party?
「メアリーがパーティーに**来るかどうか**知っていますか」
I want to know **when** Tom *will come.*
「トムが**いつ来るか**知りたい」
▶ if や when 以下の文を省略すると文が成立しない。
▶名詞節の中では，未来のことは will を使って表す。

〈副詞節になるもの〉
John will be happy **if** Mary *comes* to the party.
「もしメアリーがパーティーに**来れば**，ジョンは喜ぶだろう」
We will begin the game **when** Tom *comes.*
「トムが**来たら**，試合を始めるつもりだ」
▶ if や when 以下の文を省略しても文が成立する。
▶時や条件を表す副詞節の中では未来のことでも現在形で表す。他に，untill[till]，berore，after，as soon as などがある。

1 | 問1 | | 問2 | | 問3 | | 問4 | | 問5 | |

問6 | | 問7 | | 問8 | |

2 | 問1 | | 問2 | | 問3 | | 問4 | | 問5 | |

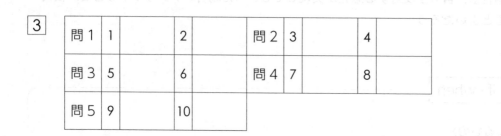

3 | 問1 | 1 | | 2 | | 問2 | 3 | | 4 | |

問3 | 5 | | 6 | | 問4 | 7 | | 8 | |

問5 | 9 | | 10 | |

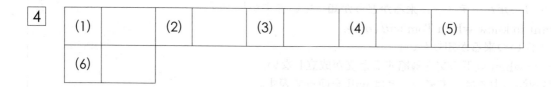

4 | (1) | | (2) | | (3) | | (4) | | (5) | |

(6) | |

5 | (1) | | (2) | | (3) | |

6 | (1) | | (2) | | (3) | |

| 1 | /35 | 2 | /20 | 3 | /15 | 4 | /18 | 5 | /6 | 6 | /6 | /100 |

第1回

第2回

第3回

第4回

第5回

第6回

第7回

第8回

第9回

第10回

1

| 問1 | (a) | | (b) | | (c) | | (d) | | (e) | |
| | (f) | | (g) | | (h) | | | | | |

| 問2 | | 問3 | A | | B | | C | | D | |

| 問4 | | 問5 | | | | | | | | |

2

| 問1 | | 問2 | | 問3 | | 問4 | | 問5 | |

3

| (1) | | (2) | | (3) | | (4) | | (5) | |

4

| (1) | | (2) | | (3) | | (4) | | (5) | |

5

	2番目	4番目		2番目	4番目
(1)			(2)		
(3)			(4)		
(5)			(6)		
(7)			(8)		
(9)			(10)		

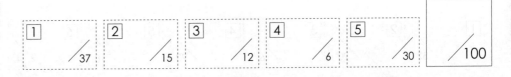

| 1 　／37 | 2 　／15 | 3 　／12 | 4 　／6 | 5 　／30 | 　／100 |

1

| 問1 | | 問2 | | 問3 | | 問4 | | 問5 | |
| 問6 | | 問7 | | 問8 | | | |

2

| [1] | | [2] | | [3] | | [4] | | [5] | |

3

| (1) | | (2) | | (3) | | (4) | | (5) | |

4

| (1) | | (2) | | (3) | | (4) | | (5) | |
| (6) | | (7) | | (8) | | (9) | | (10) | |

5

(1)	(A)		(B)		(C)	
(2)	(A)		(B)		(C)	
(3)	(A)		(B)		(C)	
(4)	(A)		(B)		(C)	
(5)	(A)		(B)		(C)	
(6)	(A)		(B)		(C)	

6

| 1 /32 | 2 /20 | 3 /6 | 4 /20 | 5 /18 | 6 /4 | /100 |

1

| 問1 | (1) | | (2) | | (3) | | (4) | | (5) | |

| 問2 | | 問3 | | | |

2

| (1) | | (2) | | (3) | | (4) | | (5) | |

3

| (1) | | (2) | | (3) | |

4

| (1) | | (2) | | (3) | | (4) | | (5) | |

5

(1)	
(2)	
(3)	
(4)	
(5)	

6

(1)	①		②		(2)	③		④	
(3)	⑤		⑥		(4)	⑦		⑧	
(5)	⑨		⑩		

| 1 /31 | 2 /20 | 3 /9 | 4 /10 | 5 /15 | 6 /15 | /100 |

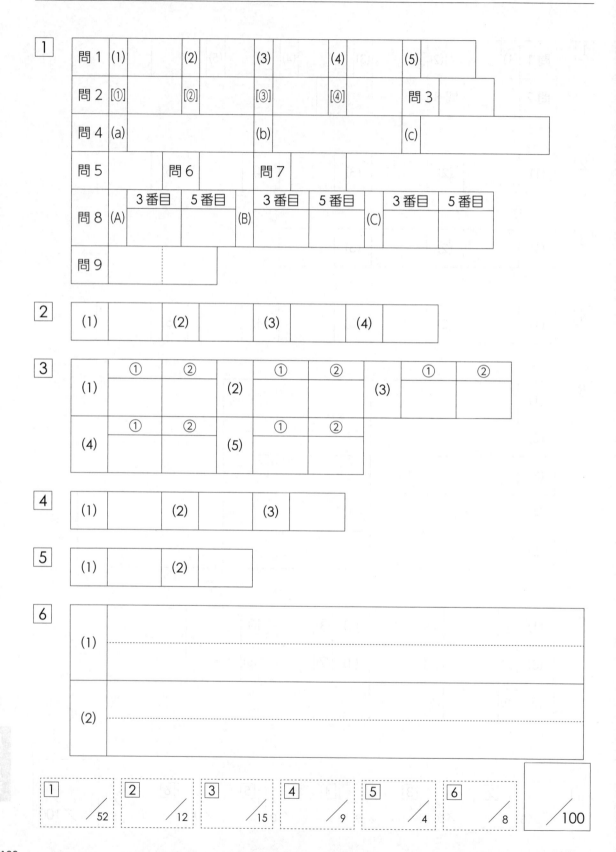

1　問1　　　問2　　　問3　　　問4　　　問5

問6

2　問1　　→　　→　　問2

問3

問4　　　問5　　　問6　　　問7

問8　　　問9

3　問1　　　問2 (1)　　　(2)

4　(1)　　　(2)　　　(3)

(4)　　　(5)

5　(1)　　　(2)　　　(3)

6　(1)

(2)

(3)

1 ／24　2 ／31　3 ／9　4 ／15　5 ／9　6 ／12　／100

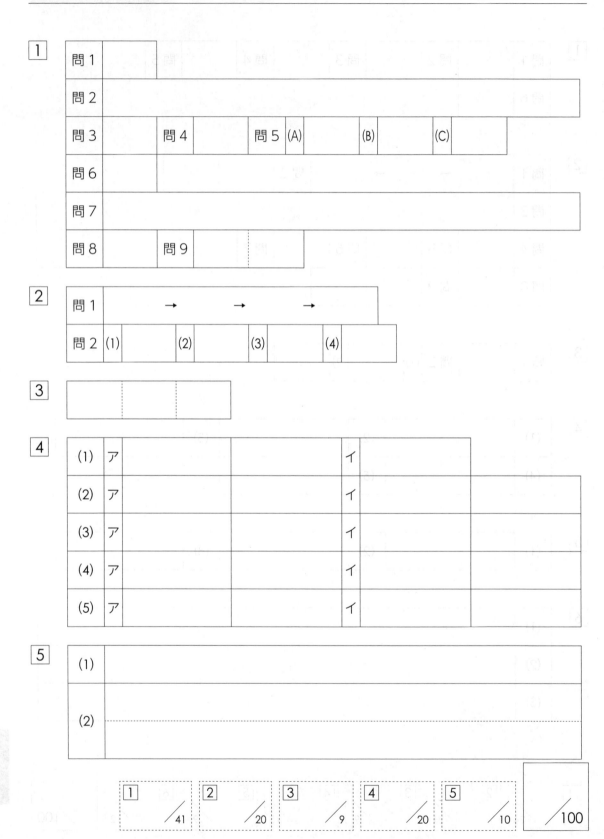

1

| 問1 | | 問2 | | 問3 | | 問4 | | 問5 | |
| 問6 | | 問7 | | 問8 | (1) | | (2) | | |

2

(1)		(2)		(3)		(4)	
(5)	ア					イ	
	ウ						

3

| (1) | | (2) | | (3) | | (4) | | (5) | |

4

(1)		
(2)		
(3)		
(4)		

5

| (1) | |
| (2) | |

| 1 　/33 | 2 　/28 | 3 　/15 | 4 　/16 | 5 　/8 | /100 |

1

| 問1 | (1) | | (2) | | (3) | | (4) | | (5) | |

| 問2 | | 問3 | | 問4 | |

問5

2

| (1) | | (2) | | (3) | |

3

(1)		(2)		(3)	
(4)		(5)		(6)	
(7)		(8)		(9)	
(10)	

4

| (1) | | (2) | | (3) | |
| (4) | | (5) | |

5

| (1) | | (2) | | (3) | | (4) | | (5) | |

| 1 /31 | 2 /9 | 3 /30 | 4 /15 | 5 /15 | /100 |

1

問1		問2		問3		問4		問5	
問6									

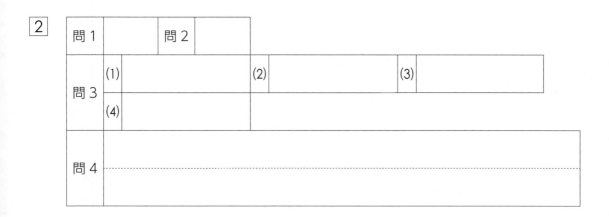

2

問1		問2	

問3	(1)		(2)		(3)	
	(4)					

問4	

3

(1)		(2)		(3)		(4)		(5)	
(6)		(7)		(8)		(9)		(10)	

4

(1)		(2)	
(3)			
(4)			

5 テーマ（　　　　）

脱０点から満点ねらいまでステップアップ構成

目標得点別・公立入試の数学

- 全国の都道府県から選び抜かれた入試問題と詳しくわかりやすい解説
- ステージ問題で実力判定⇒リカバリーコースでテーマごとに復習⇒コースクリア問題で確認⇒次のステージへ
- ステージをクリアして確実な得点アップを目指そう
- 実力判定　公立入試対策模擬テスト付き

定価：本体 950 円＋税／ ISBN：978-4-8080-6118-0　C6300

得点力を高めるためのジャンル・形式別トレーニング

実戦問題演習・公立入試の英語

- 総合読解・英作文問題へのアプローチ手法を出題ジャンル形式別に徹底解説
- 全国の公立高校入試、学校別独自入試から問題を厳選
- 難易度別ステップアップ方式で総合読解問題を解く力・スピードをアップ
- 出題形式に合わせた英作文問題の攻略方法で「あと１点」を手にする
- 文法・構文・表現の最重要基本事項もしっかりチェック

定価：本体 950 円＋税／ ISBN：978-4-8080-6117-3　C6300

解き方がわかる・得点力を上げる分野別トレーニング

実戦問題演習・公立入試の理科

- 全国の公立高校入試過去問からよく出る問題を厳選
- 基本問題から思考・表現を問う問題まで重要項目を実戦学習
- 豊富なヒントで解き方のコツがつかめる
- 弱点補強、総仕上げ……短期間で効果を上げる

定価：本体 950 円＋税／ ISBN：978-4-8141-0454-3　C6300

弱点を補強し総合力をつける分野別トレーニング

実戦問題演習・公立入試の社会

- 都道府県公立高校入試から重要問題を精選
- よく出る項目を集中的に学習
- 分野別総合問題、分野複合の融合問題・横断型問題など
- 幅広い出題形式を実戦演習
- 豊富なヒントを手がかりに弱点を確実に補強

定価：本体 950 円＋税／ ISBN：978-4-8141-0455-0　C6300

解法＋得点力が身につく出題形式別トレーニング

形式別演習・公立入試の国語

- 全国の都道府県入試から頻出の問題形式を集約
- 基本～標準レベルの問題が中心⇒基礎力の充実により得点力をアップ
- 問題のあとに解法のポイントや考え方を掲載しわかりやすさ、取り組みやすさを重視
- 巻末には総合テスト、基本事項のポイント集を収録

定価：本体 950 円＋税／ ISBN：978-4-8141-0453-6　C6300

高校入試実戦シリーズ

実力判定テスト10 改訂版　英語　偏差値65

2020年 5 月 13日　初版発行
2022年10月 27日　3 刷発行

発行者　佐藤　孝彦

発行所　東京学参株式会社
　　　　〒153-0043　東京都目黒区東山2−6−4
　　　　URL　　http://www.gakusan.co.jp/

編集部　TEL　　03 (3794) 3002
　　　　FAX　　03 (3794) 3062
　　　　E-mail　hensyu@gakusan.co.jp

※本書の編集責任はすべて弊社にあります。内容に関するお問い合わせ等は、編集部
　まで、なるべくメールにてお願い致します。

営業部　TEL　　03 (3794) 3154
　　　　FAX　　03 (3794) 3164
　　　　E-mail　shoten@gakusan.co.jp

※ご注文・出版予定のお問い合わせ等は営業部までお願い致します。

印刷所　株式会社ウイル・コーポレーション

ISBN 978-4-8141-1665-2